# 特別支援学級での自閉症のある子どもの自立活動の指導

## 確かに育つ！ 子ども
## 確かに高まる！ 教師の指導力

編　著
独立行政法人 国立特別支援教育総合研究所
柳澤 亜希子・棟方 哲弥・李 熙馥
同研究所名誉所員　筑波大学人間系教授
小林 倫代　　野呂 文行

## はじめに

　新しい時代の特別支援教育の在り方に関する有識者会議（2021）の報告では、特別支援学級を担当する教師に求められる専門性として、「障害の特性等に応じた指導方法」や「自立活動を実践する力」などが示されました。しかし、自立活動の指導に関しては、担当する先生方から「子どもの実態に合った指導となっているのか不安である」、「学級に様々な実態の子どもがいるため、どのように授業を展開したら良いかわからない」などの悩みがあげられています。

　国立特別支援教育総合研究所自閉症教育研究班では、平成26年度から自閉症のある子どもの自立活動の指導に関する研究に取り組んできました。自閉症のある子どもといってもその実態は多様であり、表面上は同様の特性（行動）を示していてもその背景は異なるため、画一的な対応では上手くいきません。このため、自閉症のある子ども一人ひとりに応じた指導とは何か、個々の子どもを理解するとはどういうことなのか、を問い続けながら研究を進めてきました。

　当研究班では、事例を通して自立活動の指導目標や指導内容、指導方法をめぐる教師の悩みとその改善に至った経緯、また、長期的（継続的）な視点から自立活動の指導による子どもの変容と教師の彼らに対する理解の深まりを丁寧に紹介することで、自閉症のある子どもの自立活動の指導で大切にすべきことを伝えたいと考え、本書を企画しました。本書で紹介している各実践から自立活動の指導を進める上でのヒントを得て、ご自身の指導を振り返っていただくことにより、目の前の子どもの実態と課題に応じた形で指導の改善や工夫につながることを期待しています。

　本書の執筆に着手したのは、折しも新型コロナウイルス感染症拡大による緊急事態宣言を受けて、学校が臨時休業を余儀なくされた時期でした。コロナ禍での新しい生活様式の中で、自閉症のある子どもたちへの対応において新たな悩みを抱えている先生方がいらっしゃることでしょう。本書には、新しい生活様式の中で自閉症のある子どもが直面している困りごとついて解説した動画を付録のCD-ROMに収録しています。指導・支援の参考にしていただければ幸いです。

　最後に、本書の執筆にご協力いただきました皆様と事例の紹介をご快諾いただきました保護者の皆様に心より感謝申し上げます。


令和3年3月

国立特別支援教育総合研究所
自閉症教育研究班長
柳澤　亜希子

# もくじ

第 **1** 章　どうしたらいい？教育課程の編成、
どう考える？自閉症のある子どもの自立活動の指導

第 **2** 章　自閉症・情緒障害特別支援学級での
自立活動の指導の実践を学ぼう！

**付録（CD-ROM）**

■ 動画（スライド）
　「コロナ禍での新しい生活様式－自閉症のある子どもは、どんなことに困っているの？－」（MP4）

■ 動画の紹介（PDF）

# 本書の構成

本書は、自閉症・情緒障害特別支援学級、自閉症の特性、自立活動の指導についての「基礎」的な内容と、自閉症のある子どもの自立活動の指導の実際についての「実践」的な内容で構成しています。

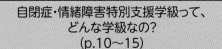 は、小学校、中学校、高等学校、特別支援学校（知的障害）の事例であることを示しています。

自閉症・情緒障害特別支援学級って、
どんな学級なの?
(p.10〜15)

交流及び共同学習を進めるには、
どうしたらいいの?
(p.12)

なぜ、自閉症のある子どもに自立活動が必要なの?
(p.16〜17)

## 自立活動って何?どうやって指導すればいいの?
－自立活動の指導の基本的な考え方と指導実践－　(p.18〜91)

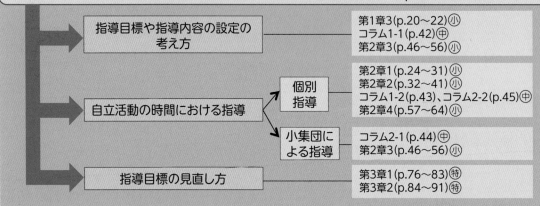

指導目標や指導内容の設定の
考え方

第1章3(p.20〜22)⑩
コラム1-1(p.42)⊕
第2章3(p.46〜56)⑩

自立活動の時間における指導

個別指導

第2章1(p.24〜31)⑩
第2章2(p.32〜41)⑩
コラム1-2(p.43)、コラム2-2(p.45)⊕
第2章4(p.57〜64)⑩

小集団による指導

コラム2-1(p.44)⊕
第2章3(p.46〜56)⑩

指導目標の見直し方

第3章1(p.76〜83)㊞
第3章2(p.84〜91)㊞

知的障害を伴う自閉症のある子どもには、
どのように自立活動の指導を行えばいいの?
(p.13〜14、p.76〜91)

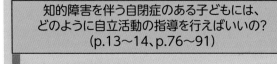

各教科等を
合わせた指導
(作業学習)

第3章1(p.76〜83)㊞
第3章2(p.84〜91)㊞

通常の学級の担任や子どもたちの理解を
促すためには、どうしたらいいの?
(p.94〜107)

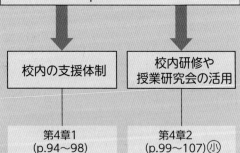

校内の支援体制

校内研修や
授業研究会の活用

第4章1
(p.94〜98)

第4章2
(p.99〜107)⑩

高校では、どんな指導が行われているの?

通級による指導

トピック1・2・3
(p.66〜73)⾼

## 自閉症のある子どもの自立活動の指導で大切なことは?
(p.110〜115)

# リーフレットの紹介

本書に関連する3つのリーフレットが公開されています。国立特別支援教育総合研究所のHPからダウンロードできます。日々の指導や研修などで、ご活用ください。

https://www.nise.go.jp/nc/

**1** 自閉症のある子どもの自立活動の授業を組み立てる上での要点

Plan（計画）-Do（授業）-Check（振り返り）-Action（改善）に沿って、「個々の子どもにつけたい力（目標）の絞り込み」、「自閉症のある子どもの障害特性や認知特性に留意した指導」、「指導の振り返り」の3つの側面から、自立活動の授業を組み立てる上で大切な9つの要点をまとめています。

本書で紹介している指導実践には、要点が反映されています

**2** 自閉症のある子どもの指導目標の設定・見直しにおけるポイント
－子どもの主体的な学びを引き出すために－

知的障害を伴う自閉症のある子どもの事例をもとに、自閉症のある子どもの指導目標の設定・見直しに関わる4つのポイントをまとめています。

詳しくは、本書のp.76～91をご覧ください

**3** 自閉症のある子どもの自立活動の指導について考えよう！

自閉症のある子どもの実態から、どのように自立活動の指導目標と指導内容を設定していけば良いのか、特別支援学校教育要領・学習指導要領解説自立活動編に示されている実態把握から具体的な指導内容を設定するまでの「流れ図」に基づいて解説しています。

詳しくは、本書のp.16～22、p.42、p.46～56をご覧ください

# 第 *1* 章

どうしたらいい？
教育課程の編成、
どう考える？
自閉症のある子どもの
自立活動の指導

# 1  まずは、自閉症・情緒障害特別支援学級のこと

　小・中学校の特別支援学級は、教育上特別の支援を必要とする子どもたちの教育を行うために設置されています（学校教育法第81条2項）。小・中学校にある学級として設置されていますので、学校の教育目標に沿って、学級目標を設定し、学級としての形態と機能を維持しつつ、在籍している障害のある子どもたちの実態に即した指導を行います。そのため、在籍している子どもの実態に応じた特別の教育課程を組み、指導目標や指導内容を考え、日課表を編成し、個々の子どもの時間割を作成します。

　在籍している様々な実態の子どもへの対応、交流及び共同学習の実施、自立活動の指導など、特別支援学級の担任には多岐にわたった仕事があり、それを遂行していくことはとても大変なことです。まずは、自閉症・情緒障害特別支援学級の教育課程を編成する際の課題と自立活動の指導の位置付けについて考えてみましょう。

## （1）在籍している子どもの実態の多様さ

　地域や学区に、教育上特別の支援を必要とする子どもが、何人いるのかは、地域によっても、年度によっても異なります。しかも、特別の支援を必要とする子どもの実態も様々です。特別支援学級は、障害の種類によって設置されており、「教育支援資料」（文部科学省初等中等教育局特別支援教育課，2013）には自閉症・情緒障害特別支援学級の対象は、次のように示されています。

> ・自閉症又はそれに類するもので、他人との意思疎通及び対人関係の形成が困難である程度のもの
> ・主として心理的な要因による選択性かん黙等があるもので、社会生活への適応が困難である程度のもの

　このようなことから自閉症・情緒障害特別支援学級には、自閉症のある子ども、かん黙の子どもが在籍しています。在籍している子どもの学年が異なり、様々な実態の子どもがいることになります。かん黙の子どもには、安心できる環境設定が求められますが、自閉症のある子どもの突然の発声や行動に不安や恐怖心をもってしまう可能性があり、担任は、その対応に苦慮することもあります。

　また、知的障害を伴う自閉症のある子どもが在籍している場合もあります。この場合、子どもの実態によっては、特別支援学校学習指導要領の「知的障害者である児童生徒に対する教育」（「（3）①教育課程上の位置付け」を参照）を参考にして、指導内容を考えることにもなります。その子どもの知的障害の程度によって、下学年の内容を指

導したり、知的障害のある子どものための各教科の内容を取り入れたり、各教科等を合わせた指導を行ったりすることになります。

## ①個々の子どもに合わせた時間割の工夫

通常の学級では、同一年齢の子どもたちが教科書を基本にして、学習指導要領に沿った学びをしています。しかし、特別支援学級は、全国のどこを探しても、同じような子どもの実態と人員構成の学級はありません。参考となるような学級がなくても、特別支援学級の担任はそれぞれに考え、学級としての形態と機能を維持して、子どもたちへの教育を行わなくてはなりません。

例えば、1年生2人（うち1人は知的障害を伴う）、4年生1人、6年生1人の児童が在籍する学級を想定します。1年生が2人在籍するからといって、二人とも常に同じ学習をするわけではありません。知的障害のある1人が高学年の児童と共に特別支援学級で学習している時に、もう1人の児童は交流先の学級で授業を受けることもあります。同じ1年生でも、知的能力や特性が大きく異なるため、特別支援学級においては2人の指導を並行して行います。例えば木曜日の3・4校時に、知的障害のある児童は生活単元学習を行い、知的障害のない児童は、生活単元学習と同様の学習活動の中で、「人間関係の形成」と「心理的な安定」をねらいとした自立活動の時間として指導するなど、児童の実態に合わせた指導内容を工夫して行います。このように学級における個々の子どもの実態に合わせた時間割の作成や指導内容の工夫が大切となります。

## ②指導内容の工夫

自閉症・情緒障害特別支援学級の教育課程は、在籍する子どもの該当学年に準ずる教育課程を基本に、自立活動の指導を取り入れることになります。自閉症・情緒障害特別支援学級における各教科の指導は、基本的に通常の学級に準ずる内容を実施します。しかし、自閉症の障害特性から通常の学級での指導方法をそのまま適用する場合が難しいことがあります。具体的には、国語科の物語文の比ゆ的な表現や表象的な記述から登場人物の心情を理解することの難しさや、算数・数学科の図形の隠れた部分を類推することの難しさなどです。これらの内容を丁寧に指導するように計画を立てると、既定の指導時間をオーバーしてしまうこともあります。また、自立活動の指導の時間を設定するため、教科の授業時数を調整したりすることも必要になります。どの教科の授業時数を減らすのかを検討する際には、自立活動の指導内容を踏まえ、それと関連している教科を選ぶことになります。

このように特別支援学級に在籍している子ども一人ひとりに対応した指導内容を考えつつ、一つの学級としての経営を行っていくことが必要になります。

## （2）交流及び共同学習

### ①交流及び共同学習を実施する上での課題

　交流及び共同学習は、「障害のある者と障害のない者が、同じ場でともに学ぶ」というインクルーシブ教育システムの構築に向けた基本的な方向性に沿った取組であり、より充実させ、推進していく必要があります。従来から、よく行われている心の豊かさや社会性の育成だけでなく、相互に教科学習などの学びの効果も求められています。この点を考えると、交流学級や教科担当の教師が、ユニバーサルデザインの授業を工夫していくことが大切になります。

　交流先の学級担任と情報交換をして、交流及び共同学習を行う教科や単元を決め、教育課程に位置付け、年間指導計画を作成するのですが、子どもが教科学習の学びにたどり着くまでには多くの困難があります。例えば、通常の学級の時間割変更で、交流及び共同学習の教科がいつも通りに行われなかったり、交流先の学級の行事で特別支援学級の担任が急遽、子どもに同行しなくてはならなくなり、その間の教室に残った子どもの指導をする先生を補充してもらったりすることもあります。遠藤・佐藤（2012）の交流及び共同学習に関する調査では、「打ち合わせ時間の不足による連携不足」を通常の学級担任、特別支援学級担任ともに一番の課題にあげているという結果が示されています。直前や授業時間中に慌てないための打ち合わせが大事だと分かっていながら、時間がなかなか取れないことが現状としてあるのかもしれません。

> この課題に対して、本書第4章2では、校内研修会を有効に活用した実践が掲載されています。参考にしてください。

### ②交流及び共同学習と自立活動の指導

　交流及び共同学習において、各教科の授業に参加する場合は、教科の内容を学ぶことはもちろんのこと、例えば、自立活動で学んだ人間関係の形成やコミュニケーション力を生かして、発言したり、話し合い活動に参加したりします。行事などへの参加では、交流を行うだけでなく、本人の得意とする力を生かすような参加の仕方で、満足感や達成感を味わえる活動になるような配慮が大切です。

　いずれにしても交流及び共同学習における子どもの様子は、自立や社会参加に向けた自立活動の指導の源となるので、丁寧に観察することが大切です。

> 交流及び共同学習と自立活動の指導との関連については、本書第2章2、4の実践が参考になります。

## （３）特別支援学級において取り入れることとなった自立活動
### ①教育課程上の位置付け

　自立活動の指導とは、「個々の子どもが自立を目指し、障害による学習上又は生活上の困難を主体的に改善・克服しようとする取組を促す教育活動」のことです。

　特別支援学校では、各教科等に加えて特別の指導として自立活動の領域が設定されています。特別支援学校における自立活動の指導は、自立活動の時間を設けて指導することはもちろんのこと、各教科等の指導においても自立活動の指導と密接な関連を図り、学校の教育活動全体を通じて行うものとされています。つまり、「自立活動の指導」は、「自立活動の時間を設けて行う自立活動の指導」と、「学校の教育活動全体（例えば、教科等）において行う自立活動の指導」があると考えられます。

　小・中学校学習指導要領（第１章第４の２の（１）のイ）には、以下のように特別支援学級においても自立活動を取り入れることが明記されました。

> イ　特別支援学級において実施する特別の教育課程については、次のとおり編成するものとする。
> 　（ア）　障害による学習上又は生活上の困難を克服し自立を図るため、特別支援学校小学部・中学部学習指導要領第７章に示す自立活動を取り入れること。
> 　（イ）　児童の障害の程度や学級の実態等を考慮の上、各教科の目標や内容を下学年の教科の目標や内容に替えたり、各教科を、知的障害者である児童に対する教育を行う特別支援学校の各教科に替えたりするなどして、実態に応じた教育課程を編成すること。　　　　　　　　　　（小学校学習指導要領より）

　上記と同様の記載が、中学校学習指導要領にも示されています。

　自立活動の時間の指導にあてる授業時数は、個々の子どもの実態に応じて適切に定めるものとされています。特別支援学級では、自立活動の時間を個別で行うのか、集団で行うのかも含め、どのくらいの時数を確保する必要があるのかについても、年度当初の日課表を組む際には考えなくてはなりません。

> 本書第２章３とコラム２、トピック２では、小集団における自立活動の指導の実践が掲載されています。参考にしてください。

　知的障害を伴う自閉症のある子どもに対しては、各教科等を合わせて自立活動の指導が行われている場合があります。

　学校教育法施行規則第130条第２項には、「特別支援学校の小学部、中学部又は高

等部においては、知的障害者である児童若しくは生徒又は複数の種類の障害を併せ有する児童若しくは生徒を教育する場合において特に必要があるときは、各教科、道徳、外国語活動、特別活動及び自立活動の全部又は一部について、合わせて授業を行うことができる。（文中の下線は筆者が追加）」と規定されています。

　知的障害のある子どもに対する教育を行う特別支援学校においては、従前から、「日常生活の指導」「遊びの指導」「生活単元学習」「作業学習」などが実践されてきました。これらは、「各教科等を合わせた指導」と呼ばれています。

　各教科等を合わせた指導を行う場合にも、各教科等の目標の達成をめざすことになるため、合わせた教科等のそれぞれの目標を明確にして指導計画を立てることが重要になります。自立活動を合わせて指導する場合も、自立活動の指導目標を明確にすることが大切なのです。

> 各教科等を合わせた指導（作業学習）において自立活動の指導と
> 密接な関連を図った実践が、本書第3章1、2に掲載されています。
> 参考にしてください。

### ②教員の創意工夫と想像力をめぐらせて組み立てる自立活動の指導

　自立活動の指導は、教科指導のように決められた指導内容が示されているわけではなく、それぞれの先生方が子どもの実態に合わせて指導内容を組み立てていくことができるのです。この指導内容の組み立てこそが、教師の一番の腕の見せ所です。

　同じ子どもに対して、複数の教師が自立活動の内容を考えた場合、その指導内容・方法が異なることがあって当然です。子どもの課題は同じであっても、どの側面からアプローチするのかで指導内容・方法も異なってくるからです。前の担任が自立活動で行っていた指導内容・方法は、自分の考えたやり方とは少し違うけれど、とりあえず続けておこう、とは思わずに、自分の得意な側面から子どもの課題にアプローチしてほしいと思います。例えば、運動面に課題がある子どもに対して、体育的な側面からアプローチする先生もいれば、音楽的な側面でリズム運動からアプローチする先生もいると思います。子どもの興味・関心を踏まえて指導内容を考えることは大前提ですが、子どもの課題に対して、先生方の得意な面を生かした指導を組み立てていくことができると思います。

> 本書のトピック3に、先生の得意な面を生かした実践が掲載され
> ています。参考にしてください。

　得意な面から指導を組み立てるということは、自分勝手に好きなことをすることとは異なります。なぜ、そのような指導が必要なのかを明らかにしていくことも大切です。それは保護者に対して説明責任を果たすことでもあります。そのために個別の指導計画を作成します。先生方が見立てた子どもの実態や教育的ニーズ、指導目標、指導内容・方法等の計画を立て、指導を行うことになります。

> 子どもの実態の把握、指導目標の設定などに関しては、本書第２章１、３とコラム１、第３章１、２に実践が掲載されています。参考にしてください。

　自立活動の指導こそ、先生方の得意技を生かして力量を発揮し、子どもと楽しく活動ができると捉え、子どものもっている力を十分に開花させていってほしいと思います。

　冒頭でも書いたように、特別支援学級の担任には、多くの仕事があります。その中で、子ども一人ひとりの実態に即して自立活動の指導を考えていくことになります。自立活動は、何をして良いかわからないと悩んでいる先生がいるかもしれません。次項では、自立活動の指導の目標の設定に至る具体的な手順などを示しました。また、文中でも紹介したように、自立活動の実践例を多く掲載しましたので、是非、参考にしてください。その通りに実践をする必要はありません。それぞれの状況に合わせて、先生方の得意な面を生かし、子どもが楽しいと思える学習活動を計画し、工夫した実践をしていただきたいと思います。

（小林　倫代）

**引用・参考文献**

遠藤恵美子・佐藤慎二（2012）小学校における交流及び共同学習の現状と課題．植草学園短期大学研究紀要，13，p.59-64．

国立特別支援教育総合研究所（2012）平成22〜23年度専門研究Ｂ（重点推進研究）「特別支援学級における自閉症のある児童生徒への国語科指導の実際」別冊（研究協力校実践集）．

国立特別支援教育総合研究所（2014）平成24〜25年度専門研究Ｂ「自閉症・情緒障害特別支援学級に在籍する自閉症のある児童生徒の算数科・数学科における学習上の特徴の把握と指導に関する研究」研究成果報告書．

国立特別支援教育総合研究所（2015）小学校・中学校管理職のための特別支援学級の教育課程編成ガイドブック－試案－．

文部科学省初等中等教育局特別支援教育課（2013）教育支援資料－障害のある子供の就学手続きと早期からの一貫した支援の充実－．p.226．

文部科学省（2018）特別支援学校学習指導要領解説総則編（幼稚部・小学部・中学部）．開隆堂．

文部科学省（2018）特別支援学校教育要領・学習指導要領解説自立活動編（幼稚部・小学部・中学部）．開隆堂．

文部科学省（2018）特別支援学校学習指導要領解説各教科等編（小学部・中学部）．開隆堂．

文部科学省（2019）特別支援学校学習指導要領解説知的障害者教科等編（上）（下）（高等部）．ジアース教育新社．

## 2　なぜ、自閉症のある子どもに自立活動の指導が必要なの？

　「自閉症」と聞いて、あなたはどんな子どもの姿を思い浮かべますか？自閉症といっても、その実態は様々ですが、ここではまず自閉症の基本的な特性について確認しましょう。

### （1）自閉症の特性
#### ①社会的相互交渉の質的障害
　自閉症のある子どもは、一般的に経験を通じて暗黙的に理解していく社会的なルールの獲得が難しいです。また、相手が何を考えているのか、何を求めているのかなど、相手の心や行動の意味を推測したり理解したりすることが得意ではありません。このため、友達が嫌がったり困ったりしている状況を把握しにくく、友人関係を築くことが難しかったり、時にはトラブルになったりすることがあります。

#### ②言語や非言語によるコミュニケーションの質的障害
　自閉症のある子どもは、話しことばによる表出が困難であったり、話しことばがあっても独特な言い回しや適切ではない表現を用いたりします。また、表情や身振りなどの非言語によるコミュニケーションを用いて意思伝達したり、ことばや身振りなどを通じて他者と感情や意思を交流したり、情報のやりとりをすることに困難さが見られます。

#### ③活動や興味の偏り（同一性保持）
　自閉症のある子どもは、急な変更に対処することが苦手です。また、自分の関心事以外のことに興味を向けにくいです。このため、他者とのやりとりが円滑に行われず、対人関係に支障が生じる場合があります。

　同一性への固執や反復的な行動は、実行機能の障害によるとされています。実行機能とは、ゴールを見据えて計画し選択して行動を開始する、環境の変化に対応して行動を修正したり変更したりする、情報を系統立てる認知システムの総称のことです。自閉症のある子どもの行動や思考の硬さには、実行機能の障害が関与していると考えられています。

　一方、この融通の利かなさは、彼らの「強み」として捉えることができます。授業場面で自閉症のある子どものこだわりや関心事を生かすことで、学習への動機づけや意欲を高めることができます。

#### ④感覚面の過敏性
　感覚面に見られる過敏性の現れ方（聴覚、視覚、嗅覚、触覚、味覚）や程度は、個々

の子どもによって異なります。感覚面の過敏性については、周囲がなかなか気づきにくい（理解しにくい）ですが、自閉症のある子どもに不安や混乱をもたらす誘因となり、その結果としてかんしゃくなどの行動を引き起こしている場合があります。

### ⑤心理面の問題

　他者の意図を理解したり、暗黙のルールを汲み取ったりすることの難しさなど、自閉症のある子どもの独特な認知特性や行動は、時に対人トラブルを引き起こし、いじめや排斥につながる場合があります。こうした問題は、自閉症のある子どもに対人不安や被害的な解釈をもたらしてしまうことがあります。

## （2）「自閉症」といっても、その実態は十人十色

　自閉症の特性の現れ方や程度は、個々の子どもによって異なります。一見、似た行動や困難さを示していても、それらをもたらす背景や理由は知的障害の有無や程度、周囲の関わり方などによって変わり、同じとは限りません。このため、個々の子どもの実態に応じて、指導・支援の内容や方法を考えることが大切となります。

　教師には、基本となる障害特性を踏まえた上で目の前の一人ひとりの子どもの姿を理解し、個に応じた働きかけ（指導・支援）をすることが求められます。

## （3）自閉症のある子どもにとって重要な自立活動の指導

　自閉症のある子どもの実態の多様さを踏まえると、個々の実態を的確に把握し、個別に指導目標や具体的な指導内容を定め、個別の指導計画に基づいて行う自立活動の指導は必須です。海外の学術団体が示した自閉症のある子どもへの教育的な介入の推奨事項には、「個別化」と「計画的な指導機会の設定」があげられています。まさに、これらは自立活動の指導で重視されていることです。

　インクルーシブ教育システム構築に向けて、障害のある子どもと障害のない子どもとの交流及び共同学習の推進が求められています。しかし、コミュニケーションや社会性に困難さがあり、独特な認知特性を有する自閉症のある子どもにとっては、通常の学級の教育活動に参加することは容易なことではありません。当該学年の教科の学習が可能な自閉症のある子どもであっても、自閉症の特性によってもたらされる困難さが行動面や心理面の問題を引き起こし、通常の学級での学習参加を難しくしてしまう場合があります。

　自立活動の指導は、自閉症のある子どもが通常の学級の子どもたちと共に学び合うための機会を保障し、彼らの教科等の学習を支えるためにも大切な指導となります。

## （４）自立活動の６区分 27 項目から自閉症のある子どもの困難さを
##    確認しよう

　自立活動の内容は、人間としての基本的な行動を遂行するために必要な要素と、障害による学習上又は生活上の困難を改善・克服するために必要な要素で構成されており、それらの代表的な要素である 27 項目を６つの区分に分類・整理されています。

　図１- ２- １に、各区分の項目とそれぞれの区分に該当する自閉症のある子どもに見られる困難さを示しました。先生方が担当している子どもに見られる困難さが、６区分のどれに当てはまるのか確認しましょう。

### 健康の保持
(1) 生活のリズムや生活習慣の形成に関すること
(2) 病気の状態の理解と生活管理に関すること
(3) 身体各部の状態の理解と養護に関すること
(4) 障害の特性の理解と生活環境の調整に関すること
(5) 健康状態の維持・改善に関すること

### 心理的な安定
(1) 情緒の安定に関すること
(2) 状況の理解と変化への対応に関すること
(3) 障害による学習上又は生活上の困難を改善・克服する
　　意欲に関すること

### 人間関係の形成
(1) 他者とのかかわりの基礎に関すること
(2) 他者の意図や感情の理解に関すること
(3) 自己の理解と行動の調整に関すること
(4) 集団への参加の基礎に関すること

### 環境の把握
(1) 保有する感覚の活用に関すること
(2) 感覚や認知の特性についての理解と対応に関すること
(3) 感覚の補助及び代行手段の活用に関すること
(4) 感覚を総合的に活用した周囲の状況についての把握と
　　状況に応じた行動に関すること
(5) 認知や行動の手掛かりとなる概念の形成に関すること

### 身体の動き
(1) 姿勢と運動・動作の基本的技能に関すること
(2) 姿勢保持と運動・動作の補助的手段の活用に関すること
(3) 日常生活に必要な基本動作に関すること
(4) 身体の移動能力に関すること
(5) 作業に必要な動作と円滑な遂行に関すること

### コミュニケーション
(1) コミュニケーションの基礎的能力に関すること
(2) 言語の受容と表出に関すること
(3) 言語の形成と活用に関すること
(4) コミュニケーション手段の選択と活用に関すること
(5) 状況に応じたコミュニケーションに関すること

**自閉症のある子どもに見られる困難さの例**

じかつろう

体調の変調がわからず無理してしまう（健１）、感覚の過敏さやこだわりによって情緒が不安定になる（健４）ことがあります。

興奮した気持ちを静めたり（心１）、急な予定の変更に対応することができず不安になる（心２）ことがあります。

他者と関わる方法が十分に身に付いていない（人１）、言葉や表情などから相手の思いを読み取ることが難しい（人２）、自分の長所や短所に関心が向きにくい（人３）ことがあります。

聴覚や触覚などの過敏さがあるために強い不快感を抱き、それにより感情や思考が混乱することがあります（環２）。
「もう少し」などの抽象的な表現を理解することが苦手であったり、興味のあることに没頭して活動の全体を把握できない（環４）ことがあります。

自分のやり方にこだわったり、手足を協調させてスムーズに動かすことが難しかったり（身５）します。

相手には理解されにくい方法で意思や要求を表出する（コ１）ことがあります。
自分の考えを相手に正しく伝えたり、話を聞く態度が適切でなかったり（コ２）します。
会話の内容や周囲の状況を読み取ることが苦手で、場にそぐわない受け答えをすることがあります（コ５）。

※例えば、(コ１) は、「コミュニケーション」の「(1) コミュニケーションの基礎的能力に関すること」を指します。

**図１- ２- １　自立活動の６区分 27 項目と該当する自閉症のある子どもの困難さ**

## （5）実態把握から自立活動の指導目標及び指導内容を導き出すプロセス

　自閉症のある子どもの実態は、多様です。だからこそ個々の子どもに対して何をねらって指導するのかを明確にし、その子どもにとって必要な指導内容を組み、個別の指導計画を作成することが重要となります。

　特別支援学校教育要領・学習指導要領解説自立活動編（文部科学省, 2018）には、個々の子どもの実態把握から具体的な指導内容を設定するまでの流れ（流れ図）が新たに示されました。流れ図では、実態把握の観点と具体的な内容、収集した子どもに関する情報をどのような観点で整理し、そこからどのように指導目標や指導内容を導き出すのかが示されています。

　表1-2-1に、実態把握から具体的な指導内容を設定するまでのポイントをピックアップしました。以下のポイントを踏まえて、具体的な事例を基に自立活動の指導目標と指導内容の設定について考えてみましょう。

**表1-2-1　実態把握から具体的な指導内容の設定までのポイント**

①障害の状態、発達や経験の程度、興味・関心、学習や生活の中で見られた長所や良さ、課題について情報収集し、子どもの全体像を捉えましょう。
②6区分で学習上又は生活上の課題と長所や良さについて整理し、子どもの「中心的な課題」を導き出しましょう。
③「中心的な課題」を基に、長期目標と短期目標を考えましょう。
④短期目標を達成するために、具体的な指導内容を考えましょう。
⑤設定した指導内容が、自立活動の6区分のいずれにあてはまるのか確認しましょう。

## 3 「流れ図」に沿って指導目標や指導内容を考えてみよう

### (1) アユムくんの実態－苦手なことと得意なこと－

　アユムくんは、不安や苦手なことがあると教師に助けを求めることができますが、苦手なことを強要されたり強く注意されたりすると気持ちが高ぶり、大きな声を出して泣いてしまいます。また、言葉で自分の気持ちを伝えることに難しさがあります。一方、数字に対する嗜好性が高いため、「○回だけ挑戦しよう」「○時○分で終わりだよ」のように数字を用いて言葉かけをすると納得して応じてくれます。アユムくんは、教師などの大人には自発的に関わりますが、交流学級などの同年代の友達と活動を共にすることは少ないです。決められたルールを守ろうとするものの自分の都合でルールを決めてしまい、自分の気持ちを抑えることが難しくなると一人で勝手に行動してしまいます。

　6区分からアユムくんの実態を整理しました（図1-3-1）。ここでのポイントは、課題だけではなく、アユムくんの良さ（できていること、できそうなこと、得意なこと）も押さえていることです。できていることや得意なことを生かすことは、子どもの学習への動機づけを高めます。

### (2) アユムくんの中心的な課題は？

　実態を6区分に整理したら、それぞれがどのように関連しているのか見てみましょう（図1-3-1）。「心理的な安定」「人間関係の形成」「コミュニケーション」が、関連し合っていることがわかります。アユムくんの中心的な課題は、「自分の興味・関心のあることに気を取られると、友達と一緒に行動することが難しくなる」、「相手にわかるように自分の気持ちや思いを伝えることが難しい」に絞られました。

### (3) 中心的な課題の改善をめざして－長期目標と短期目標の設定－

　自分の興味・関心が中心になることで友達と一緒に行動することが難しくなるという課題については、一緒に行動する時の約束事（ルール）を理解することが必要であるため、長期目標に位置付けました。それには、まず一緒に行動する相手のことを知る必要があるため、短期目標を「友達の行動や興味に関心をもつことができる」としました。

　相手にわかるように自分の気持ちや思いを伝えることが難しいという課題については、アユムくんは教師には自分の思いを伝えることができているため、「友達に自分の思いを伝えることができる」ことを長期目標にしました。アユムくんが伝えやすい事柄を考慮し、短期目標を「友達に自分の好きなことや興味のあることを伝えようとすることができる」としました。

| 健康の保持 | 心理的な安定 | 人間関係の形成 | 環境の把握 | 身体の動き | コミュニケーション |
|---|---|---|---|---|---|
| | △苦手なことを強要されたり注意されたりすると、気持ちが高揚し、大きな声を出したり泣いたりする【心(1)】<br>◎嗜好性の高い数字で言葉かけすると、行動調整することができる【心(2)】 | △大人に対しては自発的な関わりが見られるが、同年代との関わりは少ない【人(1)】<br>△自分の都合でルールを決めてしまうことがある【人(4)】<br>△自分の興味・関心に気をとられると、友達と一緒に行動することが難しい【人(4)】 | | | ◎不安や苦手なことがあると、教師に助けを求めることができる【コ(5)】<br>◎好きな算数で教師とやりとりを楽しむことができる【コ(4)】<br>△言葉で自分の気持ちを伝えることが難しい【コ(3)】<br>△発音に不明瞭さや誤りが見られる【コ(2)】 |

【中心的な課題】
自分の興味や関心のあることに気を取られると、友達と一緒に行動することが難しくなる

【中心的な課題】
相手にわかるように自分の気持ちや思いなどを伝えることが難しい

【長期目標（1年間）】
集団で友達と一緒に行動（活動）する時の約束事を理解することができる
【短期目標（2学期）】
友達の行動や興味に関心をもつことができる

【長期目標（1年間）】
友達に自分の思いを伝えることができる
【短期目標（2学期）】
友達に自分の好きなことや興味のあることを伝えようとすることができる

【指導内容①】
友達と一緒に行動（活動）するために、自分と他者との思いの違いに気づき、仲良く行動（活動）するためのルールを理解する
①自分と友達の思いや考えを比べることで、他者は自分とは異なった思いや考えをもっていることに気づく【人(2)】
②複数の友達と一緒に行動（活動）する時に、仲良くするための約束事を知る【人(4)】

【指導内容②】
自分の思いや考えなどが他者に正確に伝わる方法を身に付ける
①写真やメモを手がかりにしながら、自分の言葉で他者に気づいたことや思いなどを伝えることができる【コ(3)、(4)】

注1）6区分と指導内容①・②のそれぞれの欄に記載している【　】は、例えば【心(1)】は「心理的な安定」の「(1)情緒の安定に関すること」といったように、特別支援学校教育要領・学習指導要領解説自立活動編の6区分とその項目番号を示しています。
注2）◎はアユムくんの長所を、△は困難なことを示しています。

**図1-3-1　アユムくんの中心的な課題の整理と指導目標及び指導内容**

## （４）短期目標の達成のために指導すべき内容は何？

「友達の行動や興味に関心をもつことができる」ように、「自分と友達の思いや考えを比べることで、他者が自分とは異なった思いや考えをもっていることに気づく」という指導内容を設定しました。

「友達に自分の好きなことや興味のあることを伝えようとすることができる」ように、「自分の思いや考えなどが他者に正確に伝わる方法を身に付ける」という指導内容を設定し、まずは「写真やメモなどを手がかりにして自分の言葉で思いを伝えることができる」としました。

指導内容を設定する際には、学習活動と混同しないように気をつけましょう。

本書の７頁で紹介しているリーフレット「自閉症のある子どもの自立活動の指導について考えよう！」では、子どもの思いと担任の見立て、流れ図のポイントに沿って自閉症のある子どもの指導目標と指導内容の設定について解説しています。あわせてご覧ください。

なお、ここで紹介したアユムくんは、「第２章　自閉症・情緒障害特別支援学級での自立活動の指導の実践を学ぼう！」の「１．友達と仲良くするためのコツがわかると楽しいね！」に登場します。図１-３-１に示した指導目標と指導内容に基づいて実際にどのような自立活動の指導が展開されたのか、みてみましょう。

（柳澤　亜希子）

**引用・参考文献**

国立特別支援教育総合研究所（2016）平成26〜27年度専門研究B「特別支援学級に在籍する自閉症のある児童生徒の自立活動の指導に関する研究」研究成果報告書.

国立特別支援教育総合研究所（2020）リーフレット「自閉症のある子どもの自立活動の指導について考えよう！」https://www.nise.go.jp/nc/report_material/research_results_publications/leaflet

文部科学省（2018）特別支援学校教育要領・学習指導要領解説自立活動編（幼稚部・小学部・中学部）. 開隆堂.

# 第2章

## 自閉症・情緒障害特別支援学級での自立活動の指導の実践を学ぼう！

教師などの大人とのやりとりはできるのに、同年代の友達と関わることが苦手な子どもはいませんか？自分の好きなことや興味のあることに注意が向いてしまい、友達と話題や活動を共有することが難しい子どもはいませんか？自分の思い通りにならないと、怒ってしまう子どもはいませんか？

　自閉症・情緒障害特別支援学級での実践から、交流学級の友達との関わりやコミュニケーション、行動調整に難しさがある自閉症のある子どもの自立活動の指導のヒントを見つけましょう。

## 1　友達と仲良くするためのコツがわかると楽しいね！

### ここがポイント！

●同年代の友達と関わることが苦手で、自分の興味や関心に気をとられると勝手に行動してしまう小学2年生のアユムくんに対して、交流学級の友達への関心が芽生えてきたことを捉えて、友達と興味を共有しながら一緒に行動するためのルールを学習する機会を設けました。

●アユムくんの率直な思いを受け止め、つぶやきをひろうことで、彼自身が何に困っているのか（課題）、どうなりたいのか（願い）がみえてきました。

●子どもに何を学ばせたいのか、教師が明確な目標をもつことにより、子ども自身も「今何を学んでいるのか」を実感することができ、意欲的に学習に取り組むことができました。

### （1）友達と一緒に行動するのが苦手なアユムくん

　アユムくんは、自閉症と診断を受けている2年生の男の子です。アユムくんは、例えば、給食の苦手なメニューは「少なくしてください」、「もう無理です、食べられない」と自分の気持ちを正直に伝えることができ、学校生活の中で不安なことや苦手なことがあると教師に助けを求めることができました。しかし、苦手なことを強要されたり強く注意されたりすると気持ちが高ぶり、大きな声を出して泣いてしまうことがありました。例えば、体育のドッジボールの時に、ボールを当てられることが怖くて参加を渋ることがありました。それでも「1回だけ参加してみよう」という教師の働きかけに応えて支援者を伴って参加したところ、ボールを当てられると大きな声で泣いて寝転がってしまうことがありました。

　アユムくんは、教師などの大人には自分の興味があることを話題にして自発的に関わることができましたが、自分から友達に話しかけることに難しさがありました。初

語が４歳９ヶ月と遅く、２年生になっても構音の誤りがあり、周りの友達や教師でさえも聞き取りにくいことがありました。このこともあって、自分の思いを言葉で伝えることが苦手でした。

　交流学級などの同年代の友達と一緒に活動する時には、必ず仲介役となる大人の支援が必要でした。それでも、学校生活に少しずつ慣れてきたアユムくんには、決められたルールを守ろうとする姿が見られるようになってきました。その一方で、興味・関心（特に数字に関わること）が強くなると自分の都合でルールを決めてしまい、気持ちを抑えることが難しくなり、集団から逸脱して一人で勝手に行動してしまうことが多く見られました。

## （2）アユムくんの変化とタイミングを捉えて自立活動の指導を計画

　１年生の時のアユムくんは、交流学級の友達に対する関心が乏しく、顔や名前も覚えていませんでした。このため、交流学級の友達と一緒に行動する際には、教師の支援が欠かせませんでした。

　しかし、２年生になると、アユムくんは交流学級での学習の機会が増えました。交流学級の友達に話しかけられると、それに応じたり笑ったりすることができるようになりました。また、交流学級の友達が彼を呼びに来ると、「待って～」と言って急いで追いかけたり、「早く一日交流や国語の交流に行きたいなあ」とつぶやいたり、行事の事後学習の作文に交流学級の友達や担任のことを書いたりと交流学級への所属意識が高まっていました。

　このようなアユムくんの変化を好機と捉え、また、２学期には校外学習や学校祭、生活科での町探検など、交流学級の友達とのグループ活動が複数予定されていたため、この機会を生かして自立活動の指導に取り組むことにしました。

　第１章３（21頁）で整理したように、アユムくんの中心的な課題は、「自分の興味や関心のあることに気を取られると、友達と一緒に行動することが難しくなる」こと、「友達に自分の気持ちや思いなどを伝えることが難しい」ことでした。交流先の友達に関心が向きつつあるアユムくんに「友達と一緒に行動できるようになって欲しい」という教師の願いと、アユムくんのなりたい自分（「もっと友達と一緒に交流したい」）を考慮して、図２-１-１のように長期目標（年間）を踏まえて短期目標（２学期）を設定しました。

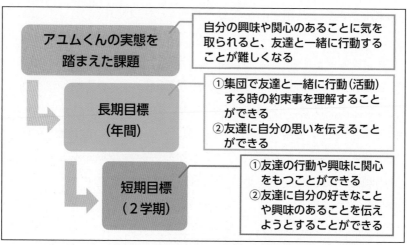

図2-1-1　アユムくんの自立活動の指導目標間のつながり

### （3）自立活動の指導「友達と一緒に行動しよう」の指導内容

　「友達と一緒に行動しよう」は、全4時間配当（うち3時間が自立活動の時間における指導）で計画しました（図2-1-2）。この学習では、アユムくんが校外学習や学校祭で交流先の友達と一緒に活動できることをめざしました。

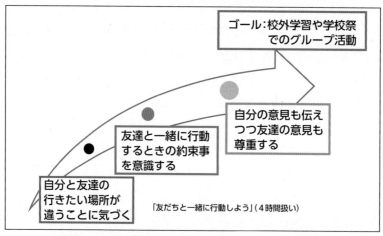

図2-1-2　「友達と一緒に行動しよう」指導目標

　4時間のうち校外学習を題材にした「友達と一緒に活動する時の約束事を知ろう」を2時間、学校祭を題材にした「友達と一緒に仲良く学校祭を楽しもう」を2時間で計画しました。これら2つの学習を通して、アユムくんが自分と友達の行きたい場所が違うことに気づくこと、友達と一緒に行動する時の約束事を意識できるようになること、自分の意見も伝えつつ友達の意見を尊重して一緒に活動できるようになることをめざしました。

### ①自立活動の時間における指導の指導形態

　アユムくんの小学校には自閉症・情緒障害特別支援学級が２学級あり、２〜４年生の低学年と４〜６年生の高学年に分けて学級が編制されていました。指導時は、子どもの生活年齢や交流及び共同学習の実施状況などを踏まえて、子どもの実態に応じたグループを編成していました。

　アユムくんを含む２年生男児３人は、個別や少人数であれば教師の指示に注意を向けることができましたが、大きな集団や交流学級では教師の指示を聞き逃してしまったり、自分の興味・関心が先行してしまったりしました。また、同年代の友達との関わりにおいて困難さがあることが共通していました。このため、同学年で指導上の課題に共通性のあるアユムくんを含む３人のグループで、自立活動の時間における指導を行いました。

### ②「友達と一緒に活動する時の約束事を知ろう」

　「友達と一緒に活動する時の約束事を知ろう」の１時間目では、昨年の校外学習のことを思い出してその時の自分の行動や態度を振り返り、今年度の校外学習で友達と一緒に見学する時の約束事について学習しました。

　２時間目は、今回の校外学習を振り返り、友達と一緒に行動する時の約束事を守れていたか、上手くできなかったことについて、どうしたら良かったかを考えました。この学習を踏まえて次時の「友達と一緒に仲良く、学校祭を盛り上げよう」では、交流学級の友達と好きな遊びを探し、互いの興味を共有しながら一緒に行動できることをめざしました。ここでは、「友達と一緒に活動する時の約束事を知ろう」の１時間目にあたる指導の展開を紹介します。

　表２-１-１に、本時（２時間配当の１時間目）の学習活動の流れと内容、担任の子どもへの指導・支援と評価の観点を示しました。

### ③率直な思いを受け止め、表現しにくい気持ちを代弁する

　本時のアユムくんのねらいは、①自分の行きたい場所を発表することができる、②自分の行きたい場所と友達の行きたい場所が違うことに気づき、どうしたら仲良く行動できるかを考えることができる、でした。

　授業の導入で、昨年の校外学習の様子の映像を見ました。アユムくんは自分が見学したかった場所に行けなかったことを思い出して涙ぐみ、何度もそのことを担任に訴えてきました。担任は、そうしたアユムくんの発言（思い）を受け止め、当時の叶わなかった思いを代弁しました。すると、アユムくんから「どうしても遊園地に行きたかったんだ」、「でも、わがまま言っちゃった」と自身の行動を客観的に振り返る発言がありました。自分の思いが叶わなかったことで生じたアユムくんの表現できない悲しい

（悔しい）といった気持ちを担任が受け止め代弁したことで、アユムくんは自分の気持ちに折り合いをつけ、気持ちを切り替えることができたのだと思いました。

それぞれの子どもが1年時の校外学習で見学した動物を発表し、板書を見て自分と友達が同じ気持ちかそうでないかを確認し、意見の相違に気づくことができました。

表2-1-1　自立活動の指導「友達と一緒に活動する時の約束事を知ろう」の本時（2時間配当の1時間目）の学習活動の流れ

| 学習過程 | 時配 | 学習活動及び内容 | ○全体への指導・支援<br>◎アユムくんへの指導・支援<br>◇評価の観点・方法 |
|---|---|---|---|
| 導入 | 5 | ・始まりの挨拶をする<br><br>・1年生の時の校外学習（見学した動物や場所、一緒に行動した同じグループの友達など）を思い出す | ○日直の児童に注目し、姿勢を整えて挨拶をするように声をかける<br>◎思い出せない時には、写真を大型モニターに映し出す<br>◇見学した動物や場所などを発表できたか（児童の発表・発言） |
| 展開 | 10 | ・今回行く水族館について知る<br><br>・自分が見学したい場所や見たいものを3つ選び、ワークシートに記入する | ◎写真教材とワークシートを用いて、児童の発言を引き出すようにする<br>◇希望の見学場所などを選んで書くことができたか（ワークシートの記述） |
| | 10 | ・自分が見学したい場所を発表する<br><br>・友達に注目して、発表を聞く<br>・自分と友達のそれぞれが行きたい（見たい）場所（もの）を比較する | ○児童の発言を板書し、内容を整理する<br>◎発言がでない時には、児童の言葉をつなぎ合わせ、発表したことをまとめる<br>◇友達の発言を聞いて、それぞれが行きたい（見たい）場所（もの）があることに気づくことができたか（児童の表情・発表） |
| | 10 | ・3人の行きたい（見たい）場所（もの）が異なる時には、どうしたら良いか考える | ○友達の思いを尊重したり、自分の思いと折り合いをつけようとしたりしている発言を板書し、児童の理解を促す<br>◇友達の思いを尊重し、折り合いをつけようとしていたか（児童の発表）<br>◇友達と仲良く行動するための方法を自分なりに考えることができたか（児童の発表） |
| まとめ | 5 | ・友達と一緒に行動する時には、どうしたら良いかワークシートに記入する | ◎板書を見て、手がかりを見つけるように声をかける<br>◇友達と一緒に行動する時に、気をつけることを記入できたか（ワークシートの記述・児童の発言） |
| | 5 | ・発表<br><br>・終わりの挨拶をする | ○ワークシートに記入した友達と一緒に見学する時に守ることを発表する<br>○日直の児童に注目し、姿勢を整えて挨拶をするよう声をかける |

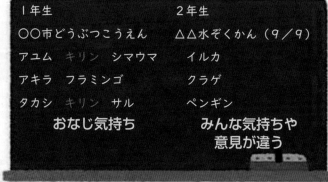

### ④情報が整理された教材が学びを促す

水族館の館内図を配布し、見学する場所の写真を黒板に提示しました。

アユムくんは、それらに興味をもち、担任に水族館について質問をしてきました。

希望の見学場所をワークシート（図2-1-3）に記入する活動では、アユムくんはすぐに見学したい場所を書くことができました。ワークシートを書き終わると友達がどの場所を記入したのかが気になったようで、友達のワークシートをのぞきこもうとする様子が見られました。

担任が、子どもたちが希望している見学場所を板書したところ、アユムくんたちは、「○○くんと同じ場所だ」、「△△くんとは違うなあ」とそれぞれの意見の相違に気づくことができました。アユムくんは、自分の意見が友達と同じであることに対し、「嬉しい」という気持ちを表情（笑顔）で表していました。

| △△水ぞくかんに行こう |
| --- |
| 2年　　　組　名前　　　　　　　　 |
| いつ　　　　　月　　　日　　　　ようび |
| なにで?　　　バス　　　号車 |
| だれと?　2年　　　組の　　　　　　　さん |
| 見学したいばしょや生きもの　ベスト3 |
| 1位　　　　　2位　　　　　3位 |
| 友だちと気持ちや意見がちがう時はどんな気持ち?<br>　　　　　　　　　　　　　　　　　　　　　<br>　　　　　　　　　　　　　　　　　　　　　 |
| 友だちといっしょに見学するにはどうしたらいいのかな?<br>　　　　　　　　　　　　　　　　　　　　　<br>　　　　　　　　　　　　　　　　　　　　　 |

**図2-1-3　学習の流れに沿って構成したワークシート**

### ⑤教師との対話を通して自分なりの考えを導き出す

友達と一緒に行動する時には、どうしたら良いかを考えました。担任が、1年生の校外学習でのアユムくんの様子（グループからはぐれて行動してしまったこと）について話したところ、アユムくんから自分の振る舞いを変えようとする発言がありました。

2年生になったんだから、今度は友達と一緒に行動する！

グループに違う意見の友達がいたら、どうするの？

担任の問いに対してアユムくんから回答がなかったため、自分の気持ち（行きたい場所）を伝えたら良いことを教えました。

友達と仲良く行動する時の約束事について考える学習では、アユムくんは板書され
た友達の発言の内容を手がかりにして、ワークシートに３つの約束事を記入しました。
数字に対する嗜好性が高いアユムくんは、数字が関係している「時間」に関わる約束
事を取り上げました。

> 時間を守る。わがままは×。時間がなくなると、ばらばらは×。

## （４）日々の教育活動と連動した指導だからこそ定着につながる

　入学当初のアユムくんは、特定の大人以外には自分から関わりをもつことが少なく、
交流学級の友達にもあまり関心を示しませんでした。このため、アユムくんに対しては、
１年時から自立活動の時間における指導で交流学級の友達などとの関わり方を指導し
てきました。担任や学習支援員、特別支援学級の友達との関係を深めていく中で、ア
ユムくんの他者に対する関心や関わりが徐々に広がっていきました。

　２年生の２学期に交流先での活動が複数予定されていたため、自立活動の時間にお
ける指導では、友達と一緒に行動する時の約束事を学習しました。校外学習当日、ア
ユムくんは交流学級の友達に声をかけてもらいながら一緒に活動することができまし
た。また、学校祭では、自分から交流学級の友達に「どこに行く？」と尋ねることが
できました。

　その後の交流学級での活動場面で、担任が「これが自立活動の時間に勉強した友達
と仲良くするコツだよ」と伝えると、アユムくんは自立活動の時間に学習したことと
を結びつけて、「これが仲良くするコツかあ」とうなずき納得する様子が見られました。

　こうしたアユムくんの変化は、自立活動の指導の成果だけではなく、彼を取り巻く
周囲の環境（人的環境）の影響も大きかったと思います。自分の気持ちを表現するこ
とが難しいアユムくんに対して、担任が表情や発言から彼の気持ちを代弁することで
信頼関係を築き、その関係を軸にして学習支援員や交流先の担任など、ほかの教師た
ちとの関係を広げていきました。

　また、アユムくんが交流学級での授業を楽しみにしていた発言からもうかがえるよ
うに、彼が交流学級に居心地の良さを感じていたことも大きかったと思います。交流
学級の担任と周囲の子どもたちのアユムくんを受け入れる態勢や理解があったからこ
そ、「一緒に行動したい」、「仲良くしたい」という思いが生まれ、自身の課題の改善に
主体的に取り組むことができたのだと考えます。

## （5）子どもが学んでいることを実感できる授業にしたい！

　アユムくんを含む３人の子どもたちの小集団で自立活動の指導を行っていたため、当初、指導計画を立てる時に優先していたことは、「３人全員でできること」でした。このため、３人で行える活動を優先しており、個々の子どもの課題や指導目標について意識が向いていませんでした。また、指導目標については、学習指導要領解説自立活動編の６区分の項目の内容をそのまま位置付けていたことで、個々の子どものめざす姿が漠然としていました。

　さらに、取り上げる指導内容や活動については市販の書籍の活動例を参考にしていましたが、そのままの内容では子どもの実態や課題に合わないこともあり、指導に限界を感じていました。指導していても子どもたちの目標がはっきりとせず、楽しい活動であってもその場だけの活動となり、なかなか実際の生活場面で課題を改善することができませんでした。

　そこで、あらためて自立活動の指導は、「目の前の子どもの実態が第一」であるとの基本に立ち返り、指導のあり方を見直しました。個々の子どもの中心的な課題を子どもや保護者と一緒に見直し、そこから長期目標を設定しました。そして、長期目標に基づいて短期目標を設定し、それらと本時の指導目標とのつながりを意識したことで子どもに身につけてほしい力が具体化されました。これによって、授業の中で子どもに何を学ばせたいのかが明確になりました。

　学ばせたいことが明確になると、子どもたちへの指導も焦点化されました。子ども自身も「今何を学んでいるのか」がわかり、「なりたい自分」に近づこうと自分の課題を理解して学習に取り組む姿が見られました。子どもの行動やつぶやきから、着実に指導が定着していることを実感できました。

　指導目標を意識することは、子どもの実態の振り返りにもなりました。日々の授業を振り返ることで子どもの新たな課題に気づくことができ、次時の授業の改善につなげていくことができました。

　第２章２「負けたくない！これが、ぼくなりの気持ちを落ち着かせる方法」では、小学５年生になったアユムくんの自立活動の指導を紹介します。

（柳澤　亜希子・金子　道子）

　本事例は、国立特別支援教育総合研究所の平成26〜27年度専門研究Ｂ「特別支援学級に在籍する自閉症のある児童生徒の自立活動の指導に関する研究」研究成果報告書に掲載した実践事例を加筆・修正したものです。

## 2　負けたくない！これが、ぼくなりの気持ちを落ち着かせる方法

　入学式や卒業式、運動会や文化祭などの学校行事で、周囲と協調して活動することが苦手であったり、行事に向けた準備や練習で急な予定の変更により見通しがもてなくなったりして落ち着かなくなる子どもたちがいます。また、運動会などの勝敗が生じる活動では、勝つことにこだわる子どもがいます。

　第2章1「友達と仲良くするためのコツがわかると楽しいね！」で紹介したアユムくんは、5年生になりました。ここでは、思春期に入り、きょうだいや周囲の友達との関係性に葛藤を抱き、行動調整が難しくなったアユムくんへの自立活動の指導を紹介します。

### ここがポイント！

● 「弟に負けたくない」という対抗心と、交流学級の友達と対等でいたいという気持ちが生まれた小学5年生のアユムくんに対して、日記や授業での振り返りで表現された彼の気持ちを受け止めながら、彼の強みを生かした工夫を行ったことで、運動会では自分なりに折り合いをつけて行動できるようになりました。
● 集団の中で活動することが難しい、友達との関係が上手くいかないなどの行動を捉える際には、自閉症の特性だけでなく発達的な視点（ここでは思春期）をもつことが大切です。

### （1）思春期をむかえたアユムくん

　5年生になったアユムくんは、交流及び共同学習では得意な算数の授業だけでなく、理科や社会、音楽、図工、体育、道徳、総合的な学習の時間、そして国語の一部の単元に参加するようになりました。クラス替えはありましたが、アユムくんの4年生の時の特別支援学級の担任が、交流学級の担任になったこともあり、交流学級でも進んで発言するようになってきました。また、この頃になると、アユムくんは得意なことと苦手なことが自分の中ではっきりし、苦手なことに対しては失敗を避けるために回避したり、言い訳をして拒むようになったりしました。

　1学期は5月下旬に運動会が予定されており、学校全体がその練習を中心に動き始めました。アユムくんは高学年として運動会の準備係を担当したり、5・6年生全員で行うフラッグダンスと組体操に取り組んだりと、昨年度に比べて集団の中で協調性が求められる活動を行わなければいけませんでした。

　交流学級の担任は、アユムくんに配慮して優しく声かけのできる友達を組体操のペアやグループに加えました。ペアとなった子どもたちは、アユムくんのぎこちないフラッグダンスや組体操の技について何度も声をかけて支援してくれました。しかし、度重なる友達からの声かけは、アユムくんにとっては煩わしいものになりました。アユムくんには、「友達と対等でいたい」という気持ちがあったからだと思います。

> みんなが僕に文句を言ってくる。みんな僕のことが嫌いなんだ

　アユムくんは運動会の練習を拒否するようになり、それに連鎖して交流学級での授業の参加も渋るようになりました。わざとトイレや保健室に立ち寄って授業を遅刻したり、隣の席の友達から注意を受けると大きな声で泣いて教室を飛び出してしまったりすることがありました。

　以前のアユムくんは、自分の興味や関心に引っ張られて行動していました。しかし、この時期のアユムくんは、周囲（弟や友達）との比較や関係性から自身の状況を捉えることができるようになり、そのことで自分の苦手なことや上手くいかないこと（状況）に対して否定的な感情を抱くようになっていました。

　以上のことを踏まえて、アユムくんの自立活動の長期目標と短期目標を図2-2-1のように設定し、指導を行いました。

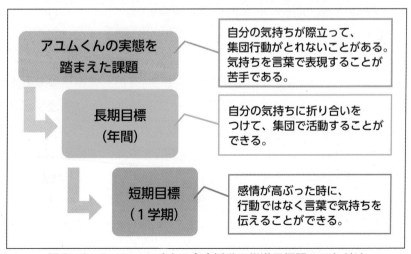

**図2-2-1　アユムくんの自立活動の指導目標間のつながり**

## （2）兄としてのプライド？弟には負けたくない！

　アユムくんには、１年生と３年生の２人の弟がいました。下の弟が小学校に入学してきたこともあり、いろいろなことを弟たちと比べるようになりました。例えば、家庭で家族と運動会の話になり、実はこれまでの運動会でアユムくんは負け続けていたことがわかりました。また、今回の運動会では弟たちが白組でアユムくんは赤組だと知り、「絶対に負けたくない」という感情が込み上げてきました。

　アユムくんの日記（図2-2-2）の内容から、負けたくない彼の気持ちを受け止めました。「負けてしまうと弟たちから笑われる」、「徒競走やレク走でも負けたくないんだ」と涙ながらに話すアユムくんの姿が印象的でした。これは、昨年度までのアユムくんには見られなかった感情でした。

図2-2-2　日記「赤組 VS 白組」

　学校全体での大玉送りの練習で赤組が負けそうになると、練習途中で大きな声で泣きながら学校を飛び出そうとしたり、教室に戻って自分のノートをビリビリと破いたりする姿が見られました。

　運動会で負けたくないという気持ちが強くなることで交流学級の友達との関わりも上手くいかなくなり、アユムくんは度々怒り出したり泣いたりすることが増えてきました。このため、この時期の自立活動の時間における指導では、特に運動会本番に向けて、アユムくんが自分なりに気持ちの折り合いをつけて行動調整できるようになることをめざしました（図2-2-3）。

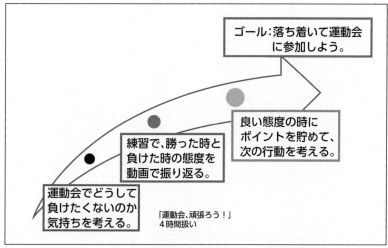

**図2-2-3 「運動会、頑張ろう！」指導目標**

## （3）小さい頃からのアユムくんの強みを生かして

　自立活動の時間における指導と並行して、特別支援学級担任と交流学級担任は、交流学級でのアユムくんの対応について話し合いました。組体操のペアの友達とアユムくんのやりとりの際には、教師が間に入ってアユムくんの気持ちを代弁しました。また、交流学級では座席の配置に配慮し、アユムくんが教室に出入りしやすい廊下側の前の席にしたり、隣りや後ろの席にはアユムくんに干渉し過ぎない友達にしたりしました。

　自立活動の指導では、運動会の練習場面のアユムくんの様子を動画で確認しました。また、交流学級での授業に参加する態度と参加する時間を調整することを提案しました。小さい頃から数字を用いることで行動調整ができていたアユムくんは、「良い行動ができたら、ポイントカードにシールを貼り、シールが溜まったら大好きなコンピューターの学習ができる」という提案に応じました。

　運動会の練習時に友達と口げんかになってしまうことがありましたが、その都度、彼の話を聞きながら自分の行動に点数をつけてもらい、自分の態度について振り返り、どのように対応したら良いかを考えました（図2-2-4）。

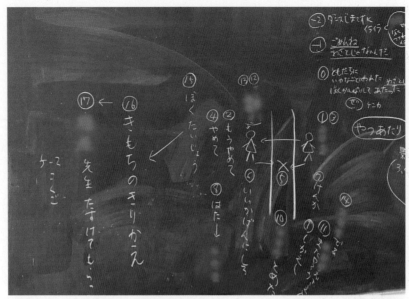

図2-2-4　運動会の練習時に友達とけんかした時を振り返った際の板書

## （4）これが、ぼくなりの行動調整「カメレオン作戦！」

　運動会の当日、アユムくんは、係活動に自主的に取り組むことができました（図2-2-5）。ポイントが徐々に貯まり、閉会式をむかえました（図2-2-6）。

図2-2-5　運動会でのアユムくんの様子

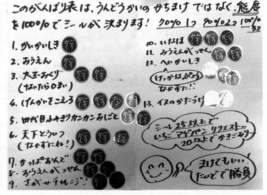

図2-2-6　運動会当日のポイントカード

　閉会式では、赤組のアユムくんは赤組と白組の真ん中の一番後ろに座って得点板を見上げていました。得点係から勝敗の結果が発表されました。赤組604点、白組648点。白組が勝利したことを確認した瞬間に、アユムくんはかぶっていた帽子をさっと白に変え、両手を挙げて勝利を喜んでいました。アユムくんの行動を見守っていた誰もが、「カメレオン作戦」だと思わず笑顔になりました。アユムくんなりの行動調整だったのです。

　運動会を終えたアユムくんの日記「5月26日白組勝利大作戦運動会」には、以下の記述がありました。

> 　「今年は負けそうになったから白組にしました。実はぼくは赤だったが本当は白組でした！（中略）運動会の結果発表、レク走3位、徒競走1位。運動会でがんばったこと、天下統一（騎馬戦）では赤が勝ちました。応援賞赤組かくとく。地区対抗リレー、ぼくの地区が優勝！。（中略）来年はどんなことをするんだろう。」

　運動会の結果を振り返ると、徒競走もレク走も3位以内に入りました。また、団体競技の騎馬戦では、アユムくんの赤組が勝利し、地区対抗リレーでは、アユムくんの住んでいる地区が優勝していました。

　自立活動の時間における指導で、どのように自分の気持ちを切り替えて行動を調整すれば良いかを何度も確認していたアユムくんは、得点発表の場面で自分の気持ちに折り合いをつけようとした結果、あの「カメレオン作戦」につながったのだと思います。アユムくんにとっては、自分の帽子を半分白にすることで、ほっとした気持ちになったのではないでしょうか。

## （5）気持ちを推し量り、言語化することで子どもの気持ちを確認する

　アユムくんは、4年生の頃から継続的に日記をつけていました。成長とともに、日記にはアユムくんの様々な気持ちが表現されるようになりました。この日記から彼の気持ちや課題を汲み取り、自立活動の指導のヒントを得ました。

　アユムくんは、苦手なことやできるようになりたいことを自覚できるようになり、日記にはそれらに関する思いが綴られるようになりました。なぜ運動会で負けるのが嫌なのか、交流学級の中で好きな友達ができると、なぜその人のことが気に入ったのかなど、自分の思いを文章で表現することが増えてきました。日記を通して教師に自分の気持ちを伝えているのだと感じました。

　アユムくんのように文章で表現できる子どももいれば、表情や態度で感情を表す子どももいます。教師は、その子どもの様子や周りの環境を見て、「こんなふうに感じているのかな」、「この感情かな」と推し量りながら代弁して確認しています。教師が推測した思いが本人のものとは多少違っていても、まずは代弁することで、コミュニケーションに困難さのある子どもたちと気持ちをわかち合うことができるのだと考えます。

　このため、こうした実態の子どもたちの自立活動の指導の第一歩は、彼らの心の中にある感情を言語化しながら、丁寧に細やかに受けとめていくことだと思います。それが自立活動の指導を組み立てる際の手がかりになると考えます。

　運動会を終えたアユムくんは、夏休みまでの間に頑張ることを日記（図2-2-7）に書いていました。

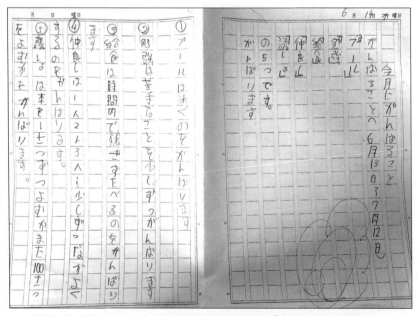

**図2-2-7　アユムくんの6月14日の日記「今月にがんばること」**

　担任が「日記に頑張ることを書いてね」と指示していませんでしたが、アユムくんは自ら目標を立てました。日記から、夏休みまで様々なことに頑張ろうとする意欲が感じられました。しかし、このように頑張ろうと思っていても、なかなか上手くいかないことがあります。こうした子どもの目標を実現できるようにしていくことが、自立活動の指導において大切と考えます。

## （6）理解してくれる仲間と一緒に乗り越える

　２学期になり、アユムくんは自分のことを交流学級の友達に知ってもらうために、自立活動の指導の時間に「ぼくの説明書」（図2-2-8）を作りました。この中には、自分の得意なことや苦手なこと、好きな遊びなどが書かれていました。「5-2のみなさんへおねがい‼」では、「ぼくにむかってもんくをいわないでください」と書いてありました。

　自立活動の時間における指導の中で特別支援学級担任は、この内容についてアユムくんから聞き取ったことを小さな文字で書き、アユムくんへの理解を促す説明を補足しました。この新聞を交流学級に掲示したことで、交流学級の子どもたちにアユムくんのことを知ってもらうきっかけになりました。

　アユムくんを理解してくれる仲間が寄り添ってくれれば、様々な困難を乗り越えていくことができると思いました。

　この新聞を掲示した後に、家庭科の授業で次のような出来事がありました。エプロン作りの授業で、ミシンを使っていた時のことです。6人で1台のミシンを使っていたところアユムくんは順番を待てず、「みんなが僕にやらせてくれない」と言って家庭科室を飛び出してしまいました。すると、同じグループの子どもが「様子を見てくる」と自ら探しに行きました。数分後、非常階段にいたアユムくんと一緒に家庭科室に戻ってきました。

　その子どもに「なんて声をかけたのかな」と聞いてみると、「そばにいただけ」、「少ししてから、もう戻ろうって言ったら来てくれた」と話しました。もしも、その子どもが「〜しなきゃだめだよ」という言い方をしていたら、アユムくんは戻ってこなかったのではないかと思いま

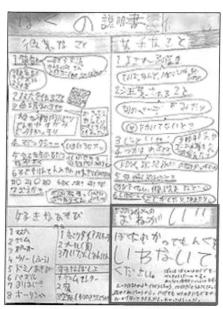

**図2-2-8　ぼくの説明書**

す。「ぼくの説明書」の内容を理解していたからこそ、その対応が自然とできたのではないかと思いました。

　自立活動の指導は、特別支援学級の子どもたちの課題を克服し改善するための指導ですが、その指導を通して私たち教師は、アユムくんたちについての理解を周りの子どもに促すことを忘れてはならないと思います。アユムくんの成長を促した要因の一つに、共に過ごした周りの子どもたちの関わりがあると感じています。また、周りの子どもたちもアユムくんを理解することで、他者を理解しようとする気持ちが育まれていくのだと思います。

## （7）長期にわたる指導だからこそ見えてきた子どもの成長

　アユムくんの担任として、1年生から5年生まで彼の成長を見守ってきました。就学前の小学校体験学習で初めて出会ったアユムくんは、挨拶をしても顔を見ずに、とにかく興味のあるものに一直線に走っていく子どもでした。彼の父親が手をつないでいても、ぐいぐいと引っ張って校庭にある滑り台を何度も何度も滑って遊んでいたのが印象的でした。入学後は、初めての活動ばかりで、その都度、不安になるアユムくんでした。発音がたどたどしいアユムくんの言葉に耳を傾けながら、アユムくんの気持ちに寄り添ってきました。そして、彼の不安を解消し励ましながら、共に彼の苦手な行事に取り組んできました。

　なかなか同級生の友達に興味を示さないアユムくんでしたが、交流学級の友達から、「アユムくんは、なんて言っているのかな」、「仲良くなりたいな」と話しかけてくれることがあり、その度に特別支援学級の担任がアユムくんと交流学級の子どもたちとのパイプ役になってきました。

　1年生の3学期に、交流学級の黒板に残されていた算数の計算問題に興味をもったアユムくんの姿を見ていた交流学級担任が、「算数の交流学習、はじめてみよう」と誘ってくれました。アユムくんも「算数の交流に行く」と意欲を見せました。この頃から、アユムくんは友達に興味をもち始めました。こうしたアユムくんの変化を捉えて、2年時からは自立活動の時間における指導を行ったことで、自分の気持ちばかりではなく友達の気持ちについても考えられるようになり、行動面も落ち着いてきました。

　3・4年時の2年間は交流学級担任がもち上がり、友達の顔ぶれも変わらなかったため、アユムくんは落ち着いて学校生活を送ることができました。得意な算数の授業では、「アユムくん方式」という言葉が交流学級で使われ、交流学級においてアユムくんの存在が感じられました。そして、4年生の3学期になると、アユムくんから交流学級の友達の名前をよく聞くようになりました。「席替えで〇さんの隣になりたいな」、

「△さんが誘ってくれたから国語の交流も行ってみる」と、自分から積極的に友達との関わりを求めるようになりました。

　5年間という長いスパンで、一人の子どもの成長を見守ってきたことで気づいたことがあります。それは、アユムくんの行動の背景にある気持ちの変化です。低学年の時のアユムくんは、自分の欲求が優先してしまうことで周囲と協調することが難しく、トラブルを生じていました。その後、交流学級の友達に対する関心や親和性が高まるにつれて友達と対等でいたいという思いが生まれましたが、苦手なことや上手くいかないことがある自分に対して葛藤を抱いている様子がうかがえました。活動から逸脱してしまう、大声で泣いてしまうなどの一見すると同じに見える行動の背景にあるアユムくんの心情は、2年生と5年生とでは質的に異なっていました。

　こうしたアユムくんの心の育ちは、他人を思いやる気持ちにもつながっていったと考えます。具体的には、アユムくんの方から「先生、元気がないね、どうしたの？」、「先生、ニコニコだね、嬉しかったの？」と担任の表情や雰囲気から気持ちを汲もうとする発言がみられるようになりました。運動会の練習で負けたくないという気持ちを抑えることが難しかったアユムくんに対し、「勝っても負けても頑張ったことには変わりないのだから」ということを伝えてきました。もしかすると、「カメレオン作戦」に至った理由の一つには、練習時に大きな声で泣いたり、怒ったりする自分の姿を見ていた担任の気持ちを汲み取ったからではないかと想像します。

　長期に渡ってアユムくんと関わってきたことで、彼の強みや弱みを知るだけでなく、彼の人間関係の広がりや成長を確認することができました。また、彼の内面の変化も感じ取ることができました。この5年間の成長を、中学校や高校でも生かしてほしいと願っています。

（金子　道子）

## コラム1　腹が立った時、自分の気持ちをどうやって落ち着かせたらいいの？　－中学校特別支援学級での指導①－

自閉症とAD/HDの診断のある中学1年生のヒロシくんは、周りの状況を考えずに思ったことをすぐに口にしてしまったり、些細なことですぐにカッとなってしまったりするため、交流先の同級生とのトラブルが絶えませんでした。ヒロシくんは、自分の言動がトラブルを引き起こしていると理解できず、「自分は悪くないのに…」と彼なりにこの状況について悩んでいました。

### 1　本人の悩みを解決できるように指導目標を考えよう

ヒロシくん自身が交流学級でトラブルが生じることを悩んでいたため、交流学級担任の見立ても踏まえて、自立活動の指導目標を考えました。中学校卒業後（3年後）に期待するヒロシくんの姿から、長期目標（1年）と短期目標（学期ごと）を設定しました（図1-1）。

| 健康の保持 | 心理的な安定 | 人間関係の形成 | 環境の把握 | 身体の動き | コミュニケーション |
|---|---|---|---|---|---|
| ／ | ◎興味があることは熱心に取り組む【心(1)】<br>△思ったことをすぐ言動に移してしまう【心(2)】 | △友達の意見を受け入れることが難しい【人(3)】 | ／ | ／ | △些細なことでカッとなってしまい、自分の気持ちを伝えることができず悩んでいる【コ(2)】 |

中心的な課題

ゲームなどで負けた時の気持ちをコントロールすることができる

ロールプレイなどを通して場面に応じた関わりを身につける

自分の思いを文章で表現することで、感情を整え、物事を肯定的に捉えることができる

【3年後の姿】自分の気持ちをコントロールし、人と円滑にコミュニケーションをとりながら、良好な人間関係を形成することができる

【長期目標】　学校生活の中で場に応じた言動をとることができる

【短期目標】　①カッとなってしまった時、怒りの気持ちを抑えることができる
②少人数の活動において、適切な言葉遣いで話すことができる
③文章化することで自分の感情を整え、考えや物事を肯定的に捉えることができる

**図1-1　ヒロシくんの中心的な課題と自立活動の指導目標**

**【注釈】**

注1）図1-1の6区分の◎はヒロシくんの長所を、△は困難さを表しています。

注2）図中の【心(1)】と【心(2)】は、特別支援学校学習指導要領解説自立活動編の「心理的な安定」の「(1)情緒の安定に関すること」「(2)状況の理解と変化への対応に関すること」、【人(3)】は「人間関係の形成」の「(3)自己の理解と行動の調整に関すること」、【コ(2)】は「コミュニケーション」の「(2)言語の受容と表出に関すること」を示しています。

## 2　不快な気持ちを落ち着かせるための方法を学ぼう

　短期目標①「カッとなってしまった時、怒りの気持ちを抑えることができる」ことをめざして、自立活動の時間における指導では、以下に取り組みました。

### （1）リラックスするための方法を学ぼう

　ヒロシくんはイライラすると声をあげて室内を歩き回ったり、物を蹴ったり投げたりしていました。これらの行動から、彼は体を動かすことで気持ちを調整しているのではないかと考え、自立活動の指導でストレッチを導入しました。最初は「体育実技」の副読本の中の「体つくり運動」を参考にしていましたが、慣れてくると自分で考えた動きを取り入れるようになりました。

　また、ヒロシくんは過去の嫌な経験を思い出して暴言を吐くことがありました。そこで、研修会で学んだ身体のツボをタップし、不安症状を改善する手法である「タッピング」を取り入れました。ヒロシくんは「スッキリする」と言い、気持ちを落ち着かせることができました。授業中、机を鉛筆で叩くことが多かったのですが、この方法を学んでからは、自分の手のひらや足などを指でタッピングする様子が見られました。

### （2）怒りをコントロールする方法（アンガーマネジメント）を学ぼう

　ヒロシくんは、一度怒り出すとしばらく収まりませんでした。こうした状態にヒロシくん自身が困っているようでした。そこで、怒りをコントロールする方法として、「深呼吸」「カウント」「コーピングマントラ（気持ちを落ち着かせる呪文を唱える）」を取り上げて行いました。深呼吸の時間やカウントの回数、呪文の言葉は、ヒロシくんが考えました。この方法を繰り返し行っていると、「呪文って魔法の言葉みたいだ」と言い、笑顔を見せることがありました。

　ヒロシくんは、授業で学んだリラックスの方法や怒りをコントロールする方法を自分流にアレンジしていました。数ヶ月後には、様々な場面で自分の気持ちをコントロールできるようになりました。その結果、興奮を収める時間が早くなり、暴言の回数も減り、落ち着いて生活できるようになってきました。

（小泉　俊子）

## 1　自分の気持ちを伝えつつ相手を配慮した伝え方を学ぼう

　コラム１で紹介したヒロシくんは思ったことを口にし、相手の意見を受け入れることが難しいために友達とトラブルになることがありました。その一方で、自分の気持ちを伝えることができないことに悩んでいました。そこで、自立活動の時間における指導でアサーション・トレーニングを導入し、場面に応じた他者との関り方（気持ちの伝え方）について学習しました。

　「アサーション・トレーニング」とは、３つのパターン（①攻撃的、②非主張的、③アサーティブ）の自己主張をロールプレイし、その場にふさわしい表現を学ぶ方法です。「アサーティブ」とは、相手のことも考えながら自分の気持ちも伝えられることです。

　カッとなると気持ちを抑えることができず、思ったことを口にしてしまうヒロシくんは、攻撃的に伝える場面を友達とロールプレイで行いました。自身の言動を客観視したことで、「そう言われたら（相手は）嫌だよな。傷つくよな」と、攻撃的な言い方が相手を不快にさせたり傷つけたりすることを理解していきました。

　ロールプレイを繰り返したところ、学級での出来事を想定してどのような伝え方をすれば良いのかを考えることができるようになっていきました。例えば、学級で行うゲームを決める際、ヒロシくんが希望したゲームとは異なるものに決定した場合、どのように自分の気持ちを伝えたらよいか、３つのパターンで伝え方を考えて演じました。ヒロシくんが考えたアサーティブな伝え方は、「自分だったら結局どれも楽しいから、みんなが考えたゲームを順番にやっていこうと言う」でした。

　ヒロシくんは自分なりに３つのパターンの言い方を考え、ロールプレイを通して相手の反応を学ぶことにより、「みんなが考えたゲームを順番にやる」といったように他者と自分の両方の要望を叶え

る伝え方を考えることができるようになりました。

## 2　好きなことから伝えたいことが広がる

　ヒロシくんは、自分の気持ちや思いを上手く伝えることが苦手でした。そこで自分の思いを文章で表現することで感情を整えられないかと考え、自立活動の指導に新聞スクラップの活動を取り入れました。新聞スクラップは、生徒自らが気になる見出しや記事、写真、広告などを見つけて選択できる自由度があること、生徒の興味・関心から活動を展開できるという利点があります。

　鹿島アントラーズファンのヒロシくんは、最初は関連する写真をノートに貼るだけでしたが、次第に記事の内容を要約するようになりました。その後は、記事について自分なりの感想や意見を書くようになり、『選手を生かす戦術』という題で作文するようになりました。

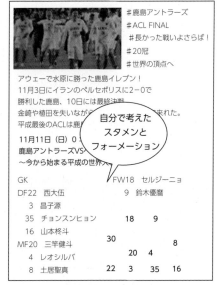

図2-1　新聞記事から自分の考えを
まとめたノート

　コラム1の図1-1の「心理的な安定」に示したように、ヒロシくんには「興味があることには熱心に取り組む」という良さがありました。ヒロシくんの関心のあることを糸口にして継続的にこの活動に取り組んだ結果、新聞に掲載されている情報に留まるのではなく、その情報を基にして自分の意見や考えを書きとめることができるまでになりました。この学習は、短期目標③「文章化することで自分の感情を整え、考えや物事を肯定的に捉えることができる」につながるものでした。図2-1は、鹿島アントラーズが勝利した日の記事を要約し、今後も鹿島アントラーズが勝ち続けるための自分の考えをまとめたものです。その後は世界のサッカーチームに関心が広がり、一流プレイヤーを分析し、まるで監督のように選手の特長を生かした戦術やフォーメーションを詳細にまとめました。これには、友達や教師から称賛の声があがりました。

## 3　中学校での自立活動の指導で大切にしたいこと

　特別支援学級には、自分に自信をもてない生徒が多くいます。ヒロシくんのように自分の好きなことや得意なことを深めることが自信につながります。自信をもつことで、積極的に学校生活を送ることができるようになります。したがって、課題の改善だけでなく、強みを認めて自己肯定感を高めることが大切です。

（小泉　俊子）

## 3　私って、ぼくって、どんな人なの？
　　－お互いを知る中で自己理解が深まる－

　特別支援学級には、様々な実態の子どもたちが在籍しています。そのような中で、個々の子どもの実態に応じて小集団で自立活動の指導を行うとなると、何を目標としたら良いのか、子どもたち全員が興味・関心をもって取り組めるためには、どんな活動にすれば良いかと悩まれる先生がいるのではないでしょうか。

　ここでは、小集団で自立活動の指導を行う場合の指導目標の立て方と子ども同士の学び合いが見られた実践を紹介します。

## ここがポイント！

● 「人間関係の形成」に課題がある5・6年生を対象に、自分のことについて考え、話し合う活動を通して自分や友達の気持ちについての理解が深まりました。
● 子どもたちの話や様子を大事にし、子どもの話を掘り下げる活動を柔軟に取り入れることで、子どもが自分のつらかった経験に向き合い、友達に共感することができました。「自立活動の指導計画は、あくまでも計画」として捉え、子どもたちの反応をよく見ながら柔軟に対応することが大切です。
● 集団で自立活動を行ったことにより、子どもたち同士の学び合いが可能となり、子どもたちの主体的な学びにつながりました。

## （1）課題を踏まえたグループ編成

　自閉症・情緒障害特別支援学級に在籍するのは、4～6年生の7人でした。年度初めに7人全員について、自立活動の観点からどのような課題があるかを整理しました。子どもの行動観察やアセスメント票などをもとに、自立活動の6区分の項目で課題点をチェックすると、共通する課題が浮かび上がってきました。特に4年生とは異なり、5・6年生の3人については、「人間関係の形成」と「コミュニケーション」において共通した課題が見られました。そこで、7人を2つの学習グループに分けて、それぞれに具体的な学習計画を立てることに決めました。ここでは、5・6年生の自立活動の指導を紹介します。

## （2）5・6年の子どもたちの実態

### ①気持ちが大きく揺れ動くハルナさん（自閉症、5年生）

　興味のあることや好きなことには積極的に取り組むハルナさん。しかし、ネガティブな感情に弱く、計算の失敗や友達との思いのすれ違いで悔しい気持ちや悲しい気持ちが出てくると、表情が一転し「なんかだるい」と担任に訴えました。体や気持ちのだるさが何からくるか自分で判断できず、行動の切り替えに時間がかかる状況も見られました。また、自分の好きなものや嫌なことは他の人にとっても同じと考え、他者の気持ちが理解しにくく、人と関わることに消極的でした。自分の気持ちを絵や詩で表すことは得意ですが、直接相手に言葉で伝えることに苦手さがありました。

### ②思いを言葉で表しにくいアキトくん（自閉症、AD/HD、6年生）

　アキトくんは、友達の笑う姿を見るのが大好きです。一定の慣れた関係性の友達には、わざとふざけて笑わせる一方、交流学級などでは自分から人に話しかけることができず、おとなしいです。自分の気持ちを伝えることが苦手で、嫌なことやつらいことがあると、「モヤモヤする」という表現で担任に訴えがちでした。理由がわからないネガティブな気持ちをため続け、限界になってから不安や不満を学校や家庭で吐き出す様子が見られました。けんかになると自分の気持ちや状況を上手く整理できずに、「むかつく」の言葉でまとめてしまいがちでした。

### ③気持ちのコントロールが難しいナツオくん（AD/HD、LD、6年生）

　ナツオくんは活発で、年下の友達に対する面倒見もよく、特別支援学級では中心的な存在でした。人と関わりたくて遊びの輪の中に加わりますが、負けたり劣勢になったりすると攻撃的な言動をとりがちでした。「おれは悪くない」と一方的な考えを押し通す姿が見られ、落ち着くまでに時間がかかることがしばしばありました。落ち着くと反省はするものの、なかなか行動の改善にはつながりませんでした。また、自己肯定感が低く、自分にできないことを極端に気にする様子が見られました。

　ハルナさん、アキトくん、ナツオくんの3人は、休み時間や放課後によく一緒に遊ぶ慣れ親しんだ関係でした。友達と関わりたい思いはある3人ですが、「自分の思いが上手く伝えられない」、「相手の気持ちがわからない」という共通の課題から、特別支援学級以外では友達関係を築きにくい状況がありました。また、3人の様子を観察すると、一緒に過ごしてはいるものの、それぞれが自分の好きなことについて一方的に話すことが多いようでした。

## （3）「人間関係の形成」が課題？でも、個々の中心的な課題には違いがある

　３人の実態を整理してみると、同じ「人間関係の形成」に課題があるといっても、個々の中心的な課題には違いがあることに気づきました（表2-3-1）。

　そこで、「人間関係の形成」の「自己の理解と行動の調整に関すること」を共通する中心的な課題として捉えながら、それぞれの実態に応じて「心理的な安定」や「コミュニケーション」の内容も意識しつつ、目標を立てることにしました。まずは、特に課題と感じられた点を一覧に整理して、それぞれの長期目標や短期目標を立てていきました（表2-3-2）。

## （4）授業展開において感じた悩み－活動ありきになってしまう－

　指導目標を設定したものの、何をしたらそれぞれの短期目標の達成につながっていくのか、しっくりした答えが見つからないまま最初は苦戦しました。子どもたちが意欲的に活動できるものでないといけないと思い、大きなすごろくと自己紹介を組み合わせたゲーム性の高い活動を始めました。子どもたちはゲームを楽しみながら意欲的に活動するものの、当初考えていた目標には向かえてないという思いが強くなっていきました。さらに、楽しい思いが強いあまり、めあてから逸れて活動する様子や、さらなるゲーム性を追求する様子も見られるようになり、「自分の気持ちについて理解する」、「自分の思いを表現する」という目標から乖離していると感じるようになりました。

　これまでの自立活動の計画を振り返ると活動をまず考え、その中での目標を組み立てがちでしたが、子どもたちの目標に立ち返り、何度も確認する作業を行いました。すると、目標と活動とのずれに気づくことができました。そこで、子どもたちの目標をもう一度整理し、指導内容を考えることにしました。

　目標に基づく活動が大事であると気づいてもすぐに答えは見つからず、悩んでいたある日、子どもの目線で日常生活での些細な行動の理由を紹介する市販本の読み聞かせを行いました。その時、子どもたちは「私も同じことしてたけど、理由はちがうかも」や「ぼくはこんなことをよくするなぁ」など、登場人物の行動に対して自分の思いをつぶやく様子が見られました。その様子がまさに自分を振り返り、自分の気持ちについて理解を深めているように感じられました。そこで、子どもたちが思わず自分のことを話したくなる、絵本のような「自分について考える」授業ができないかと考えました。

### 表2-3-1　自立活動6区分27項目で整理した課題分析表（一部抜粋）

| 自立活動の内容 | | ハルナさん（5年） | アキトくん（6年） | ナツオくん（6年） |
|---|---|:---:|:---:|:---:|
| 心理的な安定 | (1)情緒の安定 | | | ○ |
| | (2)状況の理解と変化への対応 | | ○ | ○ |
| | (3)障害による学習上又は生活上の困難を改善・克服する意欲 | | | ○ |
| 人間関係の形成 | (1)他者との関わりの基礎 | | | |
| | (2)他者の意図や感情の理解 | ○ | ○ | ○ |
| | (3)自己の理解と行動の調整 | ○ | ○ | ○ |
| | (4)集団への参加の基礎 | ○ | ○ | ○ |
| コミュニケーション | (1)コミュニケーションの基礎能力 | | | |
| | (2)言語受容と表出 | | ○ | ○ |
| | (3)言語の形成と活用 | | | |
| | (4)コミュニケーション手段の選択と活用 | | | |
| | (5)状況に応じたコミュニケーション | ○ | ○ | ○ |

### 表2-3-2　それぞれの中心的な課題と指導目標の設定

| | ハルナさん | アキトくん | ナツオくん |
|---|---|---|---|
| 中心的な課題 | ①人の思いを想像したり、受け入れたりしにくい。【人(2)】②自分の気持ちを正しく理解することや、対処方法がわからない。【人(3)】 | ①交流学級の友達に自分から話しかけられない。【人(2)】【人(4)】②自分の思いや考えを伝えることが苦手である。【コ(2)】【人(3)】 | ①自分の失敗や負けが認められない。【心(2)】②怒りのコントロールが難しく攻撃的な言動になりがちである。【心(1)】【人(3)】【コ(2)】③自己肯定感が低い。【心(3)】【人(3)】 |

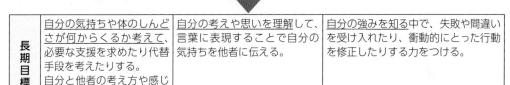

| | ハルナさん | アキトくん | ナツオくん |
|---|---|---|---|
| 長期目標 | 自分の気持ちや体のしんどさが何からくるか考えて、必要な支援を求めたり代替手段を考えたりする。自分と他者の考え方や感じ方の違いを知る。 | 自分の考えや思いを理解して、言葉に表現することで自分の気持ちを他者に伝える。 | 自分の強みを知る中で、失敗や間違いを受け入れたり、衝動的にとった行動を修正したりする力をつける。 |

| | ハルナさん | アキトくん | ナツオくん |
|---|---|---|---|
| 短期目標 | 自分の思いや考えを友達に伝えたり相手の話を聞いたりする中で、自分の気持ちについて理解を深める。 | 友達の話を聞きながら、得手・不得手など、自分のことについて考え、言葉で表現し伝える。 | 友達の意見を聞きながら、自分の良いところや強みを知る。 |

注1）長期目標の下線は、短期目標（1学期）でより具体化したものです。
注2）例えば、6区分27項目の【心理的な安定】の「(2)状況の理解と変化への対応」は、【心(2)】と示しています。

## （5）自分を見つめよう－「自分図鑑」を作ろう－

　市販の絵本を参考に、表2-3-3に示した毎回の学習テーマに沿って自分のことを
ワークシートに書き込み、それをもとに子ども同士が話し合うという内容で進めました。

　ワークシートを用いて進めるための工夫として、字を書くことに苦手さがあるナツ
オくんには、絵を描くだけでも良いし、担任が代筆することも良いとしました。しかし、
「自分のことを絵本のようにまとめる」ということに興味がわいたのか、普段書くこと
を避けがちなナツオくんも集中して丁寧にワークシートに自分で記入し始めました。

表2-3-3　「自分図鑑」の学習計画

| | 学習内容 | 活動の概要 |
|---|---|---|
| 1 | 自分の家族について紹介しよう | 「自分図鑑」の取組について確認し、自分の家族について、絵を中心にワークシートにまとめ、交流する。 |
| 2 | 外から見た自分はどんなだろう | 絵本を参考に、自分の特徴についてワークシートにまとめる。自分の体の図とつなげて考えさせることでイメージを深める。 |
| 3 | 好きなものについてまとめよう | 自分が好きなものについて、まとめたものを交流する。話し合いが深まるように理由も考える。 |
| 4 | きらいなものについてまとめよう | 自分がきらいなものについて、まとめたものを交流する。話し合いが深まるように理由も考える。 |
| 5 | できることを考えよう | 自分にできることを絵や文字で表現し、交流する。考えやすいように具体例をいくつか提示する。 |
| 6 | できるようになりたいことを考えよう | 「できないこと」だとネガティブな印象が強いので、少しでもポジティブな表現になるように、「できるようになりたいこと」として交流する。 |
| 7 | ハルナさんの事例から考えよう | 第6時で出たハルナさんの過去のエピソードについて自分ならどうするか考え、話し合う。 |

　子どもたちが活動に興味がもてるように、ただ情報を羅列するのではなく、絵本の
世界観を大事にして絵を描き込むスペースを作り、書きたくなるようにしました（図
2-3-1）。また、自分のことだと実感できるように、自分の顔を書き込む部分を設け
ました（図2-3-2）。さらに、④「好きなこと」「きらいなこと」などについては理
由を書き込む部分を設けることで、子ども同士の話し合いを通して友達の気持ちに共
感したり、友達の行動を理解したりしやすくなることをねらいました（図2-3-3）。

**図2-3-1　自分図鑑**
（自分の家族について
紹介しよう）

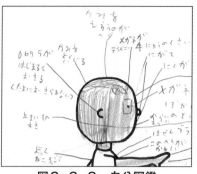

**図2-3-2　自分図鑑**
（外から見た自分は
どんなだろう）

**図2-3-3　自分図鑑**
（きらいなものに
ついてまとめよう）

## （6）主体的な学びと話し合いを通した自分や友達の気持ちへの気づき
### ①回数を重ねるごとに積極的に参加する子どもたち

　はじめは友達にワークシートに記入した内容を見せることをためらったナツオくんでしたが、ハルナさんが楽しそうに自分のことを話す様子を見て、「自分で言うのは嫌やけど、先生が代わりに読んでもいいで」と見せてくれるようになりました。アキトくんは何を書いたらいいかわからず悩んでいましたが、友達が話す内容を聞いて、「ぼくもそれ同じや」と共通することを記入したり、友達の意見をヒントに自分のことについて考えを深めたりしていきました。

　回数を重ねるごとに、子どもたちの活動に向かう姿勢が変わっていきました。書いている間は、「まだ見ないで」と黙々とワークシートに記入し、お互いの考えを交流する時間にはウキウキしながら、「今日は誰から話す？」と自分たちで話し合うことを楽しみにしていました。自立活動の授業がない日には、「次の自立はいつ？」と尋ねたり、自立活動が時間割の中にあると「やったー！」と喜んだりするようになりました。

　また、意見を交流する中で、子ども同士で話を広げる様子も見られるようになりました。普段から仲の良い３人でしたが、自分のことを話したり友達のことをあらためて聞いたりすることは新鮮だったようです。「ハルナさん、○○も好きやったん？」、「アキトくん、よく歌ってるし、歌うことも好きやん！」などと友達の話を聞いて反応を返すようになりました。これまでは、仲が良いといってもお互い好きなものについて一方的に話すことが多かったのですが、友達について知ること、自分について話すことを楽しみながら活動しているようでした。

### ②自分の経験を振り返る、友達の気持ちを考える

　「自分図鑑」の第６時は、「できるようになりたいこと」をテーマに取り上げました。子どもたちにとって自分の苦手なことを見つめることになり、テーマとして取り上げ

るかどうか悩みました。しかし、お互いの話を聞き合いながら、決して相手を否定しない3人を見ているうちに、苦手さに向き合うことは、自分の弱いところを認められない子どもたちにとって良い機会になるのではないかと思うようになりました。

　実際に取り組んでみると、ナツオくんは書くことをためらっていましたが、子どもたちは自分の苦手なところについてしっかりと考えている様子でした。特にハルナさんは、「謝ること」と書き、過去のクラスメイトとのトラブルでずっと心に引っかかっていたエピソードについて初めて語りました。当時のつらかった気持ちが思い出されたのか、言葉を詰まらせる様子がありましたが、頑張って話してくれる姿に驚きました。

なぐる！ずっと我慢してたんだし

なぐりたい気持ちはあるかもしれないけど、なぐらない
なぐったらやりかえされるかも。自分なら、学校を休む

　ハルナさんのエピソードを真剣に聞くナツオくんとアキトくんの様子を見て、2人の意見を聞いてみようと考えました。エピソードを聞きながらナツオくんが、「おれだったらなぐってる」と自分に置き換えてつぶやき始めたからでした。

　学習計画で予定していた内容ではありませんでしたが、ハルナさんがつらかったエピソードを頑張って話してくれたこと、それを2人が受け止めて反応したことを広げることで、さらにお互いを理解することにつながるのではと考え、あらためてハルナ

さんのエピソードをテーマに話し合う時間を設けました。

　ナツオくんとアキトくんは、しばらく2人で意見を出し合いつつ、「学校を休む」で最終的に意見をまとめようとしていました。そこで、もう少し考えさせるために、再度、教師から発問を投げかけました。

ほうきをぶつけられたAくんは、どう思っているのかな？

痛いとは思う…

相手に当てたんだし、やっぱり謝らなきゃいけない
でも自分の嫌な気持ちも知ってほしい！

　「謝る」という言葉がナツオくんから出たことで、ハルナさんは少し顔を曇らせていましたが、アキトくんは「嫌な思いはあるだろうけど、ほうきをぶつけたことは謝ったほうがいい」とナツオくんに同調して意見を続けました。

　最終的に「謝る」や「自分の気持ちを言う」の方が「なぐる」や「学校を休む」の選択肢より最適だと子どもたちで結論を出していました。ナツオくんとアキトくんは、交流学級に行くことをしぶりがちなハルナさんの気持ちについて共感し、理解を深めたようでした。ハルナさんにとってはつらいエピソードでしたが、2人の話を聞いて、「あの時は絶対、謝りたくないと思っていたけど、私にも悪いところがあった。謝った方が良かったかもしれない」と過去の自分の行動について考えを改めていました。

## （7）話し合いを通してお互いを理解する
### －「自分や友達の気持ちについて考えよう」－

　ハルナさんのように、実際に起きた具体的な場面をもとにお互いの考えを交流することは、友達や自分の気持ちについて理解を深めることにつながりました。そこで次の学習として、気持ちをテーマに話し合う、「自分や友達の気持ちについて考えよう」を計画しました（表2-3-4）。

　学習活動を考える上で意識したことは2つあります。1つ目は、感情という目には見えないものを視覚化することでした。市販本を参考に感情をキャラクター化して表現することで、具体的なイメージをもてるようにしました。言葉だけではイメージす

ることが難しいアキトくんも、視覚化することで楽しみながら気持ちを考えていました。また、ゲームの好きな3人は、感情をキャラクターに置き換えるという活動に興味をもち、自分だけの感情キャラクターを積極的に作るようになりました。

　2つ目は、創り出した感情キャラクターについて、十分に話し合う時間を設けたことです。自分が捉えた感情を友達はどのように見ているのか、第1時で考えた感情キャラクターを客観的に捉えられるように交流する時間を大事にしました。

表2-3-4　「自分や友達の気持ちについて考えよう」学習計画

| | 学習内容 | 活動の概要 |
|---|---|---|
| 1 | 自分の中でよく登場する気持ちをまとめよう | 気持ちの種類について知る。自分の感情について、カードゲームのようにキャラクター化して表現する。 |
| 2 | 友達の中でよく登場する気持ちについて考え、交流しよう①ハルナさん | ハルナさんが書いた感情キャラクターが、ハルナさんのどんな行動の時によく見られるか予想する。本人の捉えと他者の捉えの違いに気づく。 |
| 3 | 友達の中でよく登場する気持ちについて考え、交流しよう②アキトくん | アキトくんが書いた感情キャラクターが、アキトくんのどんな行動の時によく見られるか予想する。本人の捉えと他者の捉えの違いに気づく。 |
| 4 | 友達の中でよく登場する気持ちについて考え、交流しよう③ナツオくん | ナツオくんが書いた感情キャラクターが、ナツオくんのどんな行動の時によく見られるか予想する。本人の捉えと他者の捉えの違いに気づく。 |
| 5 | 自分の中でたくさん出てきてほしい気持ちについて考えよう | 自分にとってポジティブな気持ちについて考え、どのような時にその気持ちがよく出てくるか考える。日常の中でポジティブな感情の表現を増やす方法を考える。 |
| 6 | 自分の中で出てきてほしくない気持ちについて考えよう | 自分にとってネガティブな気持ちについて考え、どのような時にその気持ちがよく出てくるか考えることで、その気持ちが出た時の対処法を考える。 |

　この学習で大きな変化が見られたのは、ナツオくんでした。第1時で、ナツオくんは「自分の中でよく出てくる気持ち」として、相手を挑発するような意地悪な気持ちを「いじバット」というキャラクターで表現しました（図2-3-4）。自分の攻撃的な一面を受け止めにくいナツオくんでしたが、初めて自分からどのような時に意地悪な気持ちになるかを話してくれました。しかし、怒りが意地悪な気持ちのもとになっているとわかりつつも、その怒りがどこからくるのかは本人もわからないようでした。

　そこで、第4時にハルナさんやアキトくんにも、ナツオくんの「いじバット」という気持ちがどんな場面で現れるかを考えてもらいました。話し合う中で、「○○くんと一緒にいる時によく怒ってるよ」というハルナさんの言葉をきっかけに、ナツオくんは「自分のことをばかにされた時に怒りの気持ちが強くなること」や「怒りの気持ち

が強くなると意地悪な行動も増えること」に気づくことができました。ハルナさんとアキトくんも、ナツオくんは理不尽に人を攻撃するのではないと話し合いを通して理解したようでした。

さらに、ナツオくんは第6時で、「怒り」を「出てきてほしくない気持ち」として取り上げました。今まで攻撃的な態度をとった時は、その場からいなくなってしまうことが多く、「逃げている」と捉えがちでしたが、話を聞いてみると、ナツオくんは離れることで怒りを抑えていたようでした。教師が考える以上に、ナツオくんは自分自身に向き合っているのだと気づかされました。

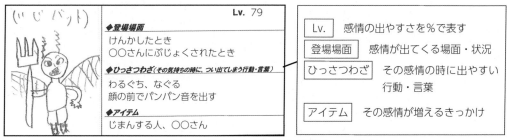

**図2-3-4　ナツオくんが考えた感情キャラクター**

## （8）学びの深まりが確かな学びにつながる
### －日常生活の中で気持ちを表現して、伝えて、対処する－

はじめの頃は自分の思いを一方的に話し、「関わり合う」より「一緒にいる」という印象の強い3人でしたが、今回の自立活動に取り組む中で関係性が変わってきました。日常生活の中で、お互いの気持ちを想像することが増えました。

例えば、ナツオくんが攻撃的な言動をしている時には、全く触れないように離れていたアキトくんは、こっそり私のところに来て、「さっき○○に言われたことがいやだったんちゃうかな」と、ナツオくんの気持ちを推測して伝えるようになりました。また、自分自身の気持ちを「感情キャラクター」に当てはめて表現することが増え、自分から「イライラしているから話を聞いて」と自分の気持ちを自己解決できない時には、教師に助けを求めるようになりました。

ナツオくんは、「自分や友達の気持ちについて考えよう」で、自分の攻撃的な一面について話せたことで、自分のネガティブな感情を表現することへの抵抗感が減ったようでした。感情のコントロールには課題が残りますが、ハルナさんとアキトくんの前で自分を振り返り思いを伝えられたことは、ナツオくんにとって大きな変化でした。

ハルナさんは、過去のつらかった出来事を振り返り、気持ちを整理できたことで、今まで避けてきた交流学級での学習に少しずつですが、自分でめあてを決めて参加す

るようになってきました。特に苦手意識の強い体育大会の練習には、ナツオくんやアキトくんの「自分たちの最後の演技を見てほしい」という思いを聞いて、練習に向かう姿勢を考え直していました。今までは０か100かの選択をしがちでしたが、「たくさんの人がいる所や体を動かすことは嫌だけど、家族やナツオくんとアキトくんには自分の頑張る姿を見てほしい」と言って、練習に前向きに参加するようになりました。

## （9）子どもの成長、教師の成長－他者との関わりの中で自己理解が深まる－
### ①集団だからこそできる学び

　自立活動のスタートは、時間割の余裕のない中でも実施可能な「集団でもできる活動」でした。しかし、今回の実践を振り返ると、子ども同士が関わり合うことが、学習を深める大きなポイントとなっていました。特に、自分の気持ちを考えるという自己理解の学習において、自閉症の特性があるハルナさんの学びが深まったのは、異なる特性をもつナツオくんの発言があったからでした。自己理解は自分一人の振り返りで深まるものではなく、他者との交流の中で他者の視点を通して深まるものであり、「集団だからこそできる学び」があるのだと気づかされました。

### ②子ども同士の主体的な学び合い

　「自分図鑑」と「自分や友達の気持ちを考えよう」で共通していたのは、子ども同士がお互いの意見を交流することを楽しみながら活動し、その中で学びを深めていったことでした。３人が興味をもって学習に取り組むことができたのには、子どもたちの興味・関心を誘う絵本などの教材の活用があったと思います。

　その上で、指導で大事にしたことは、教師として「こうあるべきだ」というように考えを押しつけるのではなく、子どもたちからの意見や考えを尊重したことでした。話し合いで意見を出すことが苦手だったアキトくんは、楽しそうに発言するハルナさんやナツオくんの様子を見ながら、少しずつ自分の考えを発表するようになりました。

　「主体的な学び合い」は、教師の力だけでは成し得なかったものでした。

### ③多面的に子どもを捉える－見えていることだけが実態ではない－

　ハルナさんもナツオさんも、日常生活の中で自分自身と葛藤しながら生活していることが、今回の自立活動での話し合いを通して見えてきました。普段の行動観察だけでは把握できない子どもの内面が垣間見えたのは、教師として大きな学びでした。見えていることだけを実態として捉えるのではなく、子どもの言葉を受け止め、指導に生かしていくことが必要であると感じました。子どもという他者との関わりの中で、教師自身の子ども理解が深まりました。

（南　友珠）

## 4　みんなと一緒に歌うのは楽しい！
## 　－交流及び共同学習で自立活動の指導の成果を発揮！－

　特別支援学級の子どもたちが交流及び共同学習を行う場合、特に周囲との協調性が求められる活動になると、他者との関わりやコミュニケーションなどの難しさのために、なかなか実力を発揮することが難しいのが自閉症のある子どもたちです。自閉症のある子どもの社会性を育む上で、交流及び共同学習は大切な学びの場の一つです。そのため、そこでの課題を踏まえながら、自立活動の指導を行うことが大切です。

### ここがポイント！

● 学校行事「歌声発表会」の練習で、友達と調和して歌うことが難しい３年生のトモキくんに対し、教師が一方的に課題を改善しようとするのではなく、意欲的に取り組む彼の気持ちを尊重しながら指導を進めたことで、成功体験につなげることができました。
● 振り返りを通してトモキくんが自分の課題に気づくことを促し、彼のつぶやきから指導方法を工夫したことで、課題への改善策を理解することにつながりました。
● 特別支援学級での言葉かけや使用している絵カードなどの手立てを具体的に伝えたことで、交流学級の子どもたちや通常の学級担任らの理解が深まり、協力が得られていきました。

### （1）友達に認められたいトモキくん

　トモキくんは、自閉症・情緒障害特別支援学級に在籍する３年生の男の子でした。特別支援学級では、国語や算数、理科、社会、自立活動を学習し、交流学級では学習支援員を伴って音楽や体育、図工、総合的な学習の時間、外国語活動等を学習していました。

　トモキくんは落ち着いている時は穏やかで、根気よく学習に取り組むことができました。漢字の四字熟語が好きで丁寧にその意味を調べたり、教師に積極的に質問したりすることがありました。対人関係では、大人とのやりとりは積極的でしたが、同年代の友達となると相手の気持ちを汲んで話すことが難しく、自分の主張を曲げることが苦手であるため、つい余計なことを言ってしまい、友達とトラブルになることがありました。また、時間へのこだわりが強く、交流学級での授業が長引くと苛立ってしまうことがありました。

行事や交流学級での活動では、トモキくんは緊張や不安から自分の感情が高ぶってしまい普段通りに過ごすことが難しくなり、かえって友達との関係をこじらしてしまうことが多くありました。しかし、トモキくんには、「もっと友達に認められるようになりたい」、「友達を作りたい」という気持ちがあり、「みんなと仲良くする」、「意地悪は言わない」という目標を決めたため、自分の行動を振り返ることで友達と協調して行動できるようになることをめざして自立活動に取り組みました（図2-4-1）。

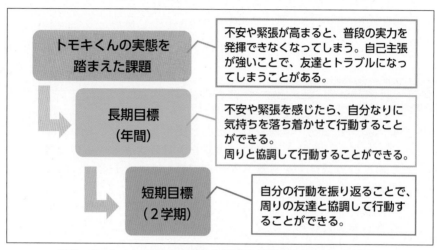

図2-4-1　トモキくんの自立活動の指導目標間のつながり

トモキくんには、週1時間の自立活動の時間における指導に加えて、日常生活や他教科（音楽科）と関連付けて自立活動の指導を行いました。

## （2）歌声発表会のソロパートに推薦されたトモキくん

2学期の校内行事である歌声発表会では、トモキくんを含む特別支援学級の子どもたち全員が交流先の学年での練習に参加し、一緒に発表することが目標でした。3年生は、「みんながみんな英雄」という歌を発表することになりました。学年主任の提案で、各学級からソロパートを歌う代表児童を選ぶことになりました。トモキくんの交流学級でも、話し合いによって代表を決めることになりました。すると、ある子どもから、「毎月の全校朝礼で、いつも元気に今月の歌を歌っているトモキくんがいいと思います」と、トモキくんを推薦する声があがりました。他の子どもからも「トモキくんは、音程がしっかりしています」、「トモキくんがいいと思います」と賛同する声があがり、交流学級の担任もそれに賛成しました。

この報告を受けて、トモキくんの担任である私は、彼の気持ちを確認しました。

たくさんの人の前で歌うのはとても緊張するけれど、自信につながると思うよ
練習も応援するから、どうかな？

友達がすごいって言うかな？

そうだね、みんなも応援してくれるよ

それなら、やってみるよ、頑張ってみたい

　こうして、トモキくんは交流学級でのソロパートに選ばれ、練習に取り組むことになりました。このため、この時期のトモキくんの自立活動の時間における指導では、音楽科の授業と関連付けながら自立活動の指導を行いました。

## （3）「頑張ること」と「調整すること」のバランスの難しさ

　トモキくんは歌が好きで、特別支援学級での朝の会や交流学級での音楽の授業でも元気よく大きな声で歌うことができました。交流先の子どもたちもトモキくんの歌声を評価していました。しかし、学年練習が始まると、トモキくんは緊張のためからかテンポが乱れ、力いっぱい大声で歌ってしまい、ソロパートを上手く歌うことができませんでした。

　最初の学年練習では、交流学級の担任が、トモキくんの傍でテンポを取りながら一緒に歌いました。交流学級そして他の学級の子どもたちが、トモキくんの様子を心配そうに見ていました。

　こうした状況を踏まえて、トモキくんが練習場面を振り返ることができるように、その様子を動画に収めることにしました。最初の学年練習を終えた直後に、交流学級の担任と特別支援学級担任とで顔を見合わせましたが、「まだまだ、練習は始まったばかり。これからだね」と確認し合いました。諦めるのではなく、トモキくんへの指導について共通理解し、支援していくことにしました。

　担任がトモキくんの初練習の様子の動画を確認したところ、動画に映っているトモキくんの表情は険しく、強くこぶしを握り、全く指揮者を見ていないことがわかりました。トモキくんがかなり緊張しているようだったので緊張をほぐし、まずはリラックスして歌えるように指導することにしました。

　自立活動の時間における指導で、トモキくんと一緒にその動画を見ました。すると、

トモキくんは、「ぼく、頑張っているね」と笑顔で話しました。自分のテンポの乱れや歌声の強弱には、気づいていませんでした。トモキくんは、「緊張していた」というよりも、「一生懸命、歌うぞ」と自分なりに頑張っていたのでした。このため、練習時の動画を見ても、周りの友達が心配している様子や自分の歌声が周りと調和できていないことに気づくことが難しいようでした。

　自立活動の指導では、教師が一方的に子どもの課題を改善させようとしても上手くいきません。トモキくんのように自分が周囲からどのように見られているかを意識できていない場合には、本人と対話をしながら学習を進めることが大切です。トモキくんに「なりたい自分」を確認し、「克服したい」「改善したい」という気持ちを育てながら指導することが必要であると考えました。まずは、トモキくんの自分の歌声に対する評価を修正し、友達と調和して歌うということはどういうことかを確認しなければいけませんでした（図2-4-2）。

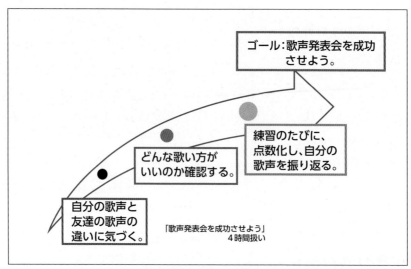

図2-4-2　「歌声発表会を成功させよう」指導目標

　初回の自立活動の指導では、トモキくんの歌い方と他の学級のソロパートの子どもの歌声とを比較して、その違いに気づいてもらうことをねらいました。また、2回目の指導では、トモキくんと練習場面の動画を見て、どんなふうに歌えば良いのかを一緒に考えました。担任とのやりとりを通して、歌声と歌のテンポに関するトモキくんのつぶやきや考えは、以下の通りでした。

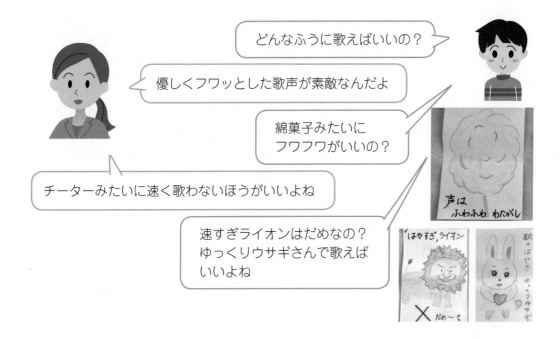

このように、トモキくんは、綿菓子やウサギという具体的な表現でどのような歌い方をすれば良いのか考えることができました。トモキくんのつぶやきを大切にしながら、歌声や歌のテンポについて彼の理解できるイラストと言葉で示した絵カードを作成しました。学年練習の前には、この絵カードを提示して、繰り返し歌い方を確認しました。また、練習場面の動画を毎回撮影し、練習後に振り返るようにしました。

### （４）トモキくんへの配慮が全体に広がっていく

毎回練習後に、トモキくんの歌声を点数化することにしました。学年練習や音楽科の授業だけでなく特別支援学級での個別練習でも、トモキくんは自己評価を行い、周囲からの評価としてたくさんの人から励ましてもらいました。担任、交流学級を含む３学年の学級担任、音楽専科担当、学習支援員など、みんながトモキくんを応援しました。多くの人が励ましてくれたことで、トモキくんは意欲的に練習するようになりました。

また、交流学級の子どもたちに、トモキくんが使用している絵カードの意味を説明することで、トモキくんに言葉かけをする時の配慮を伝えました。

毎回の学年練習の最後には、各担任から子どもたちに励ましや助言をする時間が設けられていました。特別支援学級の担任からは、トモキくんが絵カードを使って練習していること、その絵カードの表現を用いて、子どもたちに「わたがし」のような歌

声でまとまるようにと助言しました。3年生の子どもたち全員に向けて、トモキくんの頑張りと絵カードの意味を伝えることができたのは、通常の学級の子どもたちにトモキくんのことを理解してもらい、全員で歌声発表会を成功させようという目標を確認することにつながりました。

　ある日、トモキくんと同じようにソロパートに選ばれた子どもが、学年練習後に担任と振り返りをしているトモキくんに話しかけてきました。そして、トモキくんが使用していた絵カードの表現（「声はふわふわ、綿菓子」）を使って、歌声が小さくなっていたトモキくんにアドバイスをしてくれました。

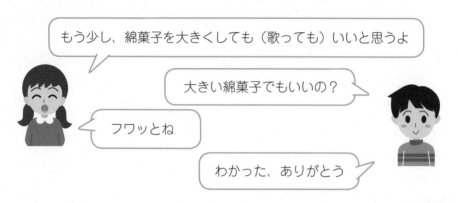

　周りの子どもたちが、自立活動の指導で用いたトモキくんへの手がかりを知ることで相互のやりとりが生まれ、互いを認め合い、励まし合える関係を築くことができるのだと実感し、心が温かくなりました。

　歌声発表会当日、トモキくんは絵カードを用いず「フワッと綿菓子、ゆっくりウサギさん」の合い言葉で担任と歌い方を確認し、舞台に上がりました。そして、堂々とソロパートを歌いきり、合唱でもみんなと歌声を合わせることができました。

　自立活動の時間における指導に加えて音楽科の授業やそれ以外の時間でも、トモキくんが練習を重ねてきた成果が現れた実践でした。自立活動の時間における指導を土台にして、トモキくんの「なりたい自分」であった「もっと友達に認められたい」という願いを交流及び共同学習の場面で活かせることができました。

### （5）周りの受け入れがトモキくんを変え、周囲も変わっていく

　歌声発表会後、トモキくんに大きな変化が見られるようになりました。具体的には、交流学級への帰属意識と関心が芽生え、交流学級での活動への参加が増えました。トモキくん自ら、「今日の図工の持ち物、聞いてくるね」、「僕、今日通院で早退するから、心配かけちゃうから、（交流学級の）みんなに話してくるね」と交流学級に一人で向かうようになりました。

　また、学習支援員を伴わなくても、交流学級の授業に参加することができるようになりました。「わからないことがあったら、○○先生に助けてもらうから、大丈夫」と、交流学級の担任を頼る発言も出てきました。さらに、自分から交流学級の友達に話しかけたり、折り紙で作ったプレゼントを渡したりもするようになりました。３学期になってからは、交流学級の清掃活動に加わったり、大人の支援を伴うことなく交流学級の友達と一緒に４年生から始まるクラブ活動の見学をしたりすることができました。

　こうした中、交流学級の子どもたちにも変化が見られるようになりました。トモキくんの変化を感じ取り、彼を受け入れる心が育ってきました。「トモキくんは、どう思っているのかな？」、「トモキくんは、こんなことが苦手なの？」と、トモキくんの気持ちや性格について質問をすることが増えました。

　交流学級の子どもたちに、トモキくんとの交流学習について感想を尋ねました。「時々、変なこと言っちゃうけど、そのままでいいよ」、「交流、頑張っているね」、「絵が上手だね」といった温かいメッセージがトモキくんに送られました。

　交流学級担任や音楽専科担当に対しても、歌声発表会後にアンケートを行いました。アンケートには、以下のことが記されていました。

> ●児童の短所ではなく、長所を活かして集団で活躍する場面を模索すべきだと思う。
> ●児童に対する一つ一つの支援が、学級全体につながると実感した。
> ●特別支援学級の担任とトモキくんの目標だけでも共有したい。
> ●トモキくんの活躍の場面を意図的に設定すると良いと思う。
> ●自立活動の指導について、知りたい。共有したいと思った。

　一番の変化は、交流学級担任のトモキくんに対する関わりでした。交流学級での学習場面でトモキくんの得意なことを活かそうとしてくれたり、彼の苦手なことの背景には何があるのかと考えてくれたりするようになりました。実際的な対応としては、交流学級でのトモキくんの座席配置を工夫してくれたり、トモキくんの苦手なことや困っていること、頑張っていることを通常の学級の子どもたちに伝えたり、さらには通常の学級の子どもたちに他者理解を促すための道徳の授業を実施してくれたりしました。

## （6）子どものふとしたつぶやきの中に指導のヒントがある

　３年生になって、ようやく学校の日課や年間行事の見通しをもつことができた頃に行われた「歌声発表会」で、本番に向けて練習を重ねてきたトモキくんは、ソロパートを歌いきり、「歌声発表会を成功させる」ことができました。この成功経験は彼の自己肯定感を高め、社会性や協調性を育むことにもつながりました。

　トモキくんの学校生活や学習を支えているのは自立活動であり、その指導は教科学

習や行事だけでなく学校生活全体に根づいていると考えます。特別支援学級を初めて担当する教師や通常の学級の担任からは、自立活動の指導について「難しい」、「何を指導すれば良いのかわからない」といった声をよく聞きます。これは見方を変えれば、「特別な教育的ニーズのある子どもの実態がよくわからない」という不安であり、その子どもの困難さや課題、目には見えない彼らの心の内がわからないということを表しているのではないかと思います。

　まずは、子どもの心の内を探っていきましょう。そのヒントは、彼らから、ふっと出てくるつぶやきや表情、行動に隠されています。そして、みえている課題や困難さと心の内にある彼らの思いを結びつけていくと、彼らの「なりたい自分」が見えてくる気がします。トモキくんもそうでした。トモキくんは同年代の友達と上手く関われないけれども、「友達が欲しい」、「仲良くなりたい」という気持ちがありました。こうした彼の自発的な思いを汲みながら、自立活動の指導目標を立てました。

　自立活動の指導で学習したことを特別支援学級で行うだけでは、なかなか般化しません。トモキくんに関わる教師らで指導目標や手立てを共有し、彼が頑張っている様子と成長の過程を知ってもらえるように、特別支援学級担任がパイプ役になることが大切です。この実践では、特別支援学級でトモキくんの歌声の指導の際に使用していた絵カードの意味と振り返りカードの点数化の取組を共有したことにより、周囲の子どもや教師にそれらについての理解が定着していきました。

　しかし、まだ課題もあります。トモキくんは新たな場面になると対人関係やコミュニケーションの困難さによって失敗体験をしてしまい、落ち込んでしまいます。彼に関わる人が変わると行動調整が難しくなるのです。担当者が変わっても子どもの実態や目標を共通理解し一貫した対応を行うために、個別の指導計画を活用できれば良いと考えます。個別の指導計画を通して、自立活動の指導が特別支援学級の子どもたちの学校生活や学習を支える土台であることを理解してもらう、そして、そのことが彼らに対する理解につながっていくのだと考えます。

（金子　道子）

## トピック1

# 高等学校で通級による指導が開始されました

## 1 高校通級ってなに？

「高校通級」は、文字通り高等学校における「通級による指導」のことです。

通級による指導は平成5年に小・中学校で制度化されましたが、その時に高等学校は対象とされませんでした。それから25年を経て平成30年度から開始されたものです。

特別支援教育では、早期からの一貫した切れ目のない支援が大切であるとされています。高等学校への進学率が平成22年度には98％を超える中、高等学校に在籍する発達障害のある生徒は推定で2.2％程度（定時制・通信制では15％程度）でしたが、平成30年度以前は高等学校には通級の仕組みはありませんでした。

先生方の中には、担任する子どもへの支援や指導が、小学校であれば中学校へ、中学校であれば高等学校へと上手く引き継がれることを願っている方が多いと思います。なにより、小・中学校で通級による指導を受けた経験のある子どもや保護者の中にも、高等学校でも同様の指導を積極的に受けたいという願いがありました。しかし、制度化以前には、これらの子どもたちへの支援はなかったのかと言えば、そうではありません。高等学校では、小・中学校とは異なり、学校設定教科・科目の設定が可能であることから、一部の学校では、障害のある生徒のためにコミュニケーションやソーシャルスキルを学ぶ科目を設定したり、通常の授業の範囲内で生徒に応じた配慮をするなどの工夫がなされたりしてきました。

## 2 高校通級の教育課程はどうなっているの？

平成30年度の制度化では、図1-1のように授業時数が増加する「加える」タイプと既存の選択教科・科目と「替える」タイプの特別な教育課程を編成して自立活動の指導を行うことが可能になりました。ただし、図にあるとおり、小・

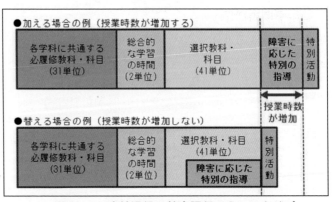

**図1-1　高校通級の教育課程の2つのタイプ**

中学校とは異なり、高等学校では2つ目の「替える」場合には、選択教科・科目以外と替えることはできません。

## 3　高校通級の実施形態はどうなっているの？

実施形態として「自校通級」、「他校通級」、「巡回指導」の3つがあることは、小・中学校と同様です（図1-2）。

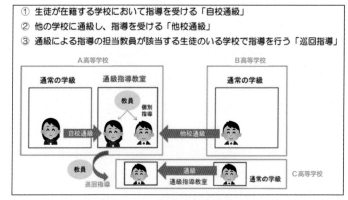

① 生徒が在籍する学校において指導を受ける「自校通級」
② 他の学校に通級し、指導を受ける「他校通級」
③ 通級による指導の担当教員が該当する生徒のいる学校で指導を行う「巡回指導」

**図1-2　高校通級の実施形態**

## 4　高等学校段階ならではの工夫はあるの？

高校通級においては、制度化以前から懸念されていたことがあります。それは、生徒自身が通級の対象となることによる自尊感情の低下や、特別の指導を受けていることを自校の友人に知られることへの心理的な抵抗感などです。これは小・中学校でも言えることですが、高校通級の制度化にあたっては大きな課題とされました。これについて先進校では、自立活動の時間の名称の工夫（例えば、「スキルトレーニング」「ソーシャルスタディⅠ・Ⅱ」など）や、この時間を他の選択履修の学校設定科目の時間帯と合わせることで、その生徒だけが別の授業を受ける状況を避ける時間割上の工夫が行われています。これらをはじめとする指導上の工夫は、高等学校における「通級による指導」実践事例集等が参考になります。

この事例集が作成される基になった文部科学省の事業名は、「高等学校における個々の能力・才能を伸ばす特別支援教育事業」という、とても魅力的な名称でした。全国22の先導的な高等学校の実践の成果が掲載されています。トピック2、3で紹介する佐賀県立太良高等学校もこの事業の参加校の一つです。

（棟方　哲弥）

**引用・参考文献**

文部科学省初等中等教育局特別支援教育課（2016）高等学校における通級による指導の導入について．平成28年11月8日説明会資料．

文部科学省初等中等教育局特別支援教育課（2017）高等学校における「通級による指導」実践事例集－高等学校における個々の能力・才能を伸ばす特別支援教育事業－．

## トピック2

# 社会で生きるなら、自分のことをもっと知らなきゃ！
## －高校通級での自立活動の指導実践－

佐賀県立太良高等学校は全日制普通科の高校で、平成23年度より県内全域を対象として不登校経験者や発達障害のある者、中途退学者を対象とした募集枠を設け、毎年30～40名程度が入学しています。平成30年度から通級による指導（自校通級）を実施しており、令和元年度は全学年15名の生徒を対象として自立活動を実施しました。

生徒の心理的な抵抗に配慮し、通級による指導は学年ごとの「選択科目」の時間と同時間に位置づけ、他の生徒と同じ時間帯に受けられるようにしています。指導形態としては生徒の希望や特性などを考慮し、個別指導と小集団指導を行っています。

社会で生きる上で配慮を求めるには自ら申し出る必要があり、その前提となる自己理解には主体的な態度が不可欠と考え、希望者から「生徒自身が自立活動を受けたいと思うこと」、「生徒自身に困っている認識があること」、「保護者の理解・協力が得られること」の要件を満たす生徒を対象としています。

### 1　通級による指導で大切にしていること

#### （1）十分なラポート（信頼関係）を構築する

本人の好きなことや興味のあることを話題にして「話してもらう」ようにし、決して否定の言葉を使わないようにしています。

#### （2）自己を客観視できるような工夫

授業の導入・終了時には、「気持ちの温度計」（図2-1）で気分を数値化し、授業終了時には文字に加えて数値で自己評価するワークシート（図2-2）に記入するようにしています。

図2-1　気持ちの温度計

| 【今日の授業内容】相手の話聞くポイント | | |
|---|---|---|
| 項　目 | 自　分 | 担当者 |
| 授業前の気分 | 6 ／10点 | |
| 授業後の気分 | 5 ／10点 | |
| 授業の内容を理解できた | 7 ／10点 | 8 ／10点 |
| わからないことを質問できた | 6 ／10点 | 8 ／10点 |
| 会話のキャッチボールが分かった | 6 ／10点 | 8 ／10点 |
| 合　計 | 30 ／50点 | 24 ／30点 |

図2-2　自己評価ワークシート

#### （3）言語化して意識しやすくする

「その時、悔しかったんだね」、「〇〇が得意なんだね」と教師が言語化して伝えたり反復したりする

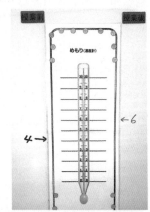

ことで、生徒がより意識できるようにしています。

## （４）イラストなどで理解しやすくする（会話の視覚化）

　気持ちや話の流れという見えないものをイラストや文字で同時にホワイトボードに視覚化し、理解しやすいようにしています。（図2-3）

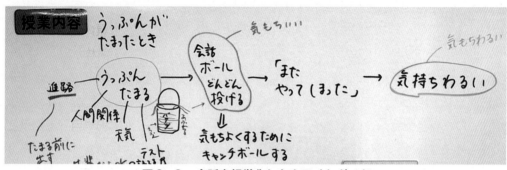

**図2-3　会話を視覚化したホワイトボード**

## （５）自分自身で気づくことをめざす

　教師が「こうするべき」と誘導・指示をすることは極力避け、本人が課題やポイントに気づけるような取組を設定し、気づきから確認できたことは明確に言語化して意識づけられるように心がけています。

## 2　個別指導の実践

### （１）トモコさん：目標「適切な会話の方法を知り、実践する」

　一方的に話してしまいがちなトモコさん。教師がトモコさんを模して話し続ける会話のロールプレイを行うと、「途中で区切りがないと私が話せない」と自分の課題に気づいたようでした。どうしたら良いと思うか問いかけ、出された提案を次々にロールプレイで確認して会話の基本を確認しました。その後、実際のボールを使い、ボールを持つ者だけが話せる体験を通して「会話のキャッチボール」を身体でもイメージできるようにしました。

### （２）エイイチさん：目標「報告・連絡・質問ができるようになる」

　わからなくても自己判断で取り組みがちなエイイチさん。手先の器用さを活かし、「小さな折り鶴」作りの作業を設定しました。教師はあえて「準備しましょう」、「能率的にしましょう」などの曖昧な指示を出し、「道具はどこですか？」、「どうしたらいいですか？」と自発的な言動を引き出すようにしました。

### （３）マコトさん：目標「スムーズに書ける漢字を増やして、自信を高める」

　書字が苦手であるけれど、漢字で書くことにこだわるマコトさん。苦手意識の軽減を目標に、「社会で実際によく書く漢字」として限定した漢字（所属・住所・名前）の書き取りを繰り返しました。慣れると用紙を銀行の振込用紙に替えて枠を意識して書くことと、自立への意識向上をねらいました。また、得意なパソコン入力にも取り組み、得意なことを伸ばすことが生きやすさにつながっていくことを感じられるようにしました。

### （４）ヨウスケさん：目標「気持ちを言葉で伝えることに慣れる」

　言葉で伝えることが苦手なヨウスケさん。話さずにお互いが描いた形からイメージしたものを描き加える絵画療法（スクイグル）を用いて、「何を描いたの？」、「絵にテーマをつけるならどうする？」と問いかけて自由に表現したり、並べ替えた絵で作った物語を説明したりして話すことに慣れるようにしました。

## 3　小集団指導の実践

### （１）小集団指導のねらい

　小集団指導は４人の生徒（リョウタさん・マサキさん・アキラさん・エイジさん）と２人の教師で行いました。会話の際の距離感や声量調節が苦手、思いをスムーズに伝えられないなど、全員が他者とのコミュニケーション面に課題がありました。そこで、意見交換を通して他者の言動を知ることができる小集団の強み

図2-4　ロールプレイ場面

を活かし、自己を客観視できるように、ロールプレイを積極的に行いました（図2-4）。

### （２）ロールプレイ１「面接官の気持ちになろう」

　面接官役・受験生役に分かれて就職面接のロールプレイを行い、面接官役には身なりについて気づいたことを言ってもらいました。ズボンのほつれ、わずかな寝ぐせ、シャツのしわなど、実に細かい箇所まで指摘しました。大人からよく注意されていた点が、他者から見られている身だしなみのポイントだと実感をもって学んだようでした。

## （３）ロールプレイ２「いちばん伝えたいことは？」

　ペアになり、教師がマサキさんに＜昨日、部活後の下校時間が遅いと先生に注意されたことを不在だった部長に伝える＞という状況を演じるように伝えました。マサキさんはリョウタさんを相手に演じ、その後、マサキさん以外の３人が＜マサキさんが一番伝えたいこと＞について感想を発表しました。部長役のリョウタさんは「注意されたという報告なのか、だから今後部活を早めに終わろうという相談なのか、曖昧だった」と言い、観客のアキラさんとエイジさんはともに、「今後早めに終わろう、という相談だと思った」と言いました。マサキさん本人は、「注意されたことを報告したかった」と答えました。その後の意見交換で、「先に『報告があります』を言えばいいのでは？」、「言われたのは昨日。だから今後は気をつけようのように時間をはっきりするといい」などの気づきが出てきました。

　このロールプレイを通して、伝えたい内容は報告・相談・お願いのどれにあたるのかを自分が意識しないと伝わりにくいこと、「報告に来ました」などと前置きすると明確に伝わること、「５Ｗ１Ｈ」を使うとわかりやすいことが確認できました。この日の「気持ちの温度計」は、全員が授業終了時に数値が上昇しており、授業に対する達成感がうかがえました。

## （４）ロールプレイの実践から見えてきたこと

　身だしなみを気にしたり授業以外の場面でも距離感を意識したり、「お仕事中失礼します」、「報告に来ました。〇月〇日に…」といった言い方をしたりと、４人には多くの変化が見られました。声量が上がるなど、態度にも自信が見られるようになり、担任から「最近変わりましたね」という声をよく聞きました。

　それぞれに対人関係やコミュニケーション面での苦手さをもつ４人でしたが、即興で人前で演じるロールプレイに照れながらも取り組み、それに対する他者の意見を素直に受け入れていました。それが可能であった背景には、自立活動の指導の場が安心できる空間であったことがあげられると思います。周囲に受容され認められる経験は、精神的な充実感をもたらし、自分の強みと課題を素直に受け入れることにつながるのだと実感しました。

（松浦　美穂）

# 高等学校での自立活動の指導が生徒の余暇活動につながる！

## 1　即興演劇集団の結成

### （1）魅力の発見

　トピック2で紹介した小集団指導でのロールプレイを始めて、すぐに気づいたことがありました。アキラさんが何ともイキイキして、表現がキラリと光るのです。指導上、ロールプレイは学びの「手段」なのに、気をつけないとそのパフォーマンス自体に見入ってしまいます。もともとインプロ（即興演劇）に興味があり、インプロバイザーの友人も多い私は、思い切ってある日、アキラさんに声をかけました。「授業とは関係なく、私と劇団作らない？」。アキラさんは、少し驚いたものの承諾してくれました。その後、ユニークさには定評のある同級生の友人のシゲキさんを2人して勧誘し、これも快諾。こうして、部活動ではない即興演劇集団の結成となりました。

### （2）コンプレックスが強みに

　アキラさんを誘った時から、私には目標がありました。2ヶ月後に開催される県内の社会福祉法人主催のイベントに出場することでした。それは、障害の有無や国籍などに関わらず、多くの人の前でパフォーマンスしたい人を発掘・発信したいというパフォーマンス・イベントでした。そのステージで「アキラさんの表現力をアピールしたい！」と思い、早速、放課後に空き教室で、柔軟な発想力をつけるため、連想する言葉を順にテンポよくつないでいく「連想ゲーム」トレーニングの日々が始まりました。

　アキラさんは「僕、授業でも場にそぐわないこと言うんですよね」と話してくれたことがありました。しかし、その「この状況で、その発想？」という意外性は、即興演劇では貴重な盛り上げ用エッセンスになります。また、アキラさんは、自立活動の目標に「場に応じた声量で話す」と設定するほど、意識していないのに周囲から声が大きいと指摘されることを気にしていました。しかし、演劇で声が小さくては始まりません。一般的には克服すべきものと解釈されやすい特性が、この劇団にとってはことごとく必要な要素であり、魅力だったのです。

## （3）周囲を巻き込む

　イベントが１ヶ月後に迫ったころ、インプロバイザーでもある近隣の特別支援学校の先生にパフォーマンスの指導をお願いしました。コミュニケーションを高めるワークショップという触れ込みで校内に告知すると、校長をはじめ７人ほどの教職員が参加してくれました。一緒にパフォーマンスする中で、「アキラさん、上手い！」という言葉が何度も聞かれました。また、発想がユニークだった男性職員１人を勧誘し、これで劇団メンバーは４人となりました。その後も朝礼でイベントをアピールしたり、チラシを置いたりしているうちに、「当日、見に行きたいのに用事で行けない。頑張ってね！」などの応援の言葉をかけられることが多くなってきました。

# 2　初ステージ！イベント参加

## （1）無我夢中のパフォーマンスと称賛

　当日は朝からメンバー全員が緊張していましたが、いざ始まると夢中でお互いの動きしか見えませんでした。他のメンバーの即興の言動からイメージしたことを、瞬時に身体と言葉で表現するパフォーマンスが終わると、審査員から信じられないくらい称賛の言葉をいただきました。会場からの大きな拍手と、「こんなの初めて

図3-1　イベントでのパフォーマンス

見た！」、「面白い！本当に即興？」という言葉。そして、見に来てくれたアキラさんの母親からの言葉。これまでは、彼について不安などの消極的な言葉を口にすることが多かったのですが、「こんなことができるなんて…」と実に嬉しそうにアキラさんを讃えてくれました。

　アキラさんは、この日のアンケートに「自分に自信がもてて、評価も高くて良かった。もっと練習して次回のイベントにも参加したい」と書いていました。

## （2）強みを知る・必要とされる・承認されることの意義

　自分を肯定的に受けとめて自信がつくと、余裕と希望をもって生活設計することができます。課題の克服ばかりに目を向けず、「自分の魅力発見・向上」のためにも自立活動を展開していきたいです。劇団の活動は、今後も余暇活動として続けていく予定です。アキラさんの母親の「今後も後輩の生徒さんたちと、この活動を広めてほしい」という言葉が忘れられません。

（松浦　美穂）

# 第3章

## 教師の見方が変われば、子どもが変わる！
### ―特別支援学校（知的障害）の実践から学ぼう―

自閉症のある子どもの中には、例えば気持ちが不安定になると大声で泣く、自分の思いを適切な方法で伝えることが難しいことで相手を叩いてしまうなどといったように、関わり手の目には好ましくないと映る行動や行為をする子どもがいます。こうした行動が頻繁に起こり深刻である場合、先生方はどのように対応したら良いのかと日々悩まれていることでしょう。そして、いつしかその悩みは「この子は、大変な子だなあ」という印象を強めてしまい、その子どもの良さや可能性を見落としてしまっているかもしれません。

　ここでは、自閉症のある子どもの行動面の対応に困惑していた教師が、彼らの強みや可能性に気づき、それを糸口にして子どもにつけたい力を捉え直した結果、子ども理解の深まりと指導改善につながった実践を紹介します。また、各教科等を合わせた指導（作業学習）における自立活動の指導の位置付けについても考えたいと思います。知的障害を伴う自閉症のある子どもの自立活動の指導を考える上での参考にしましょう。

# 1　不安を感じているのは、どっち？
## 　　－強みを活かすことが指導の改善につながる－

## ここがポイント！

●他者からの働きかけに応じることが難しく、気持ちが落ち着かなくなると大声で泣いたり、傍にいる人を噛んだりしてしまう高等部3年のケントくんの強みを生かして指導したことで、作業学習で取り組む作業内容の幅が広がりました。

●自閉症の基本的な特性を理解することは必要ですが、子どもの実態は必ずしも理論通りにはいきません。ケントくんにとって最適な方法を考えたことで、作業内容を理解して教師の働きかけにも応じながら取り組むことができるようになりました。

●「指導目標＝活動内容」になっていたため、ケントくんにつけたい力は何かという視点から自立活動の指導目標を見直しました。その結果、作業学習の中での自立活動の視点（ねらい）を明確に意識することができました。

## （1）ケントくんの行動に翻弄される日々

　特別支援学校（知的障害）高等部2年の重度の知的障害を伴う自閉症のあるケントくんは、言葉で要求を伝えることが難しく、噛みついたり叩いたりして相手の注意や関心を引こうとしました。また、自分の意に沿わないと他者からの働きかけや指示を受け入れることが難しく、気持ちが落ち着かなくなると大声で泣き叫び、傍にいる人

を噛んだり引っ掻いたりしました。こうした行動は、授業場面でも頻繁に起こりました。例えば、作業学習の時間に担任が製品の作り直しを求めたり作業方法を教えようとしたりすると、ケントくんは怒って騒ぎ、作業途中にもかかわらず教室を飛び出してしまうことが度々ありました。

　同僚や他の生徒たちがいる手前、担任はケントくんの行動に翻弄されていることに後ろめたさを感じていました。このため、ケントくんが怒って騒がないようにと細心の注意を払い、作業学習では制作する分量を少なめにして、できる範囲のことをさせるようにしていました。また、完成した製品のでき映えが良くなくても、敢えて作り直しを求めないようにしていました。

## （2）強みを発見！

　ある日の作業学習の時間、いつもとは異なる作業を行いました。「いつも通りではない」ため、ケントくんが混乱して騒いでしまうのではないかと心配でした。しかし、ケントくんは以前、同様の作業を行ったことがあり、全ての行程を一人で手際よく行うことができました。

　落ち着いて作業していたケントくんの様子を見ながら、物作りが好きなのだということに気づき、「いろんな小物作りに挑戦して、できることを増やしていきたい！」、「彼の可能性をつぶすことなく伸ばしていきたい！」と感じました。同時に、「ケントくんは、もっと作業ができそうなのに彼が騒がないようにと配慮して、制作する分量を少なめに設定することで楽をさせてしまっているのではないか」と疑問を感じるようになりました。

## （3）「つけたい力」は何？－指導目標の見直し－

　表3-1-1は、ケントくんの個別の教育支援計画と個別の指導計画の自立活動と作業学習の指導目標です。保護者のケントくんの将来や現在の生活に関する希望は、「気持ちを落ち着けること」「他害をしないこと」「他害ではない方法でコミュニケーションできること」でした。この意向を受けて、個別の教育支援計画では4つの目標を設定しました。ケントくんにめざす姿を自立活動の6区分に照らし合わせると、①と②は「心理的な安定」、③と④は「コミュニケーション」に関わる内容でした。ケントくんは不安定な状況になると他害という不適切な方法で不安な気持ちを伝えていたため、これらは相互に関連していました。当初は、3年間でめざす姿を踏まえて個別の指導計画の自立活動の指導目標（年間目標）を「ボッチャやボウリングの競技に参加し、友達や教師と交流することができる」、「ランニングの時間は、グラウンドを8周回る

ことができる」とし、それぞれの指導目標を前期と後期に分けて位置付けていました。

表3-1-1　個別の教育支援計画におけるケントくんのめざす姿と個別の指導計画の自立活動
　　　　　及び作業学習の指導目標（見直し前）

| 個別の教育支援計画（3年間でめざす姿） | | |
|---|---|---|
| ① | 見通しをもつことで気持ちを落ち着けて生活できるようにする。 | |
| ② | 不安定な時に他害をしないで気持ちを切り替える方法を習得する。 | |
| ③ | 楽しい生活が送れるように正しいコミュニケーションの仕方を身につけるようにする。 | |
| ④ | 毎日いろいろな言葉がけをすることで、自分の気持ちを伝えられるようにしていく。 | |
| 個別の指導計画における自立活動と作業学習の指導目標 | | |
| 自立活動 | 年間目標 | (1)ボッチャやボウリングの競技に参加し、友達や教師と交流することができる。<br>(2)ランニングの時間は、グラウンドを8周回ることができる。 |
| | 前期の目標 | ボッチャやボウリングの競技に参加し、友達や教師と交流することができる。 |
| | 後期の目標 | ランニングの時間は、グラウンドを8周回ることができる。 |
| 作業学習 | 年間目標 | 作業の工程を覚え、落ち着いた状態で活動を終えることができる。 |
| | 前期の目標 | 箸置き作りのやり方を覚え、落ち着いて目標の個数を仕上げることができる。 |
| | 後期の目標 | 製品の質を高め、落ち着いて取り組める目標数を増やすことができる。 |

　一方、作業学習では、「作業の工程を覚え、落ち着いた状態で活動を終えることができる」ことをめざし、前期は「箸置き作りのやり方を覚え、落ち着いて目標の個数を仕上げることができる」ことを、後期は「製品の質を高め、落ち着いて取り組める目標数を増やすことができる」ことを目標としていました。ケントくんが「落ち着いて活動」できることが作業方法を身につけ、生産性を上げ、製品の質を高めるために必要であると考えました。

①3年間でめざす姿と自立活動のつながりは？
　表3-1-1の個別の教育支援計画の①～④のめざす姿は、ケントくんの学習上又は生活上の課題を反映していました。しかし、自立活動の指導目標を見ると、それらの課題を踏まえた指導目標になっていないことに気づきました。
　一方、作業学習では、一貫してケントくんが「落ち着いて」活動できることをねらっており、個別の教育支援計画のめざす姿と関連していました。
　個別の教育支援計画と個別の指導計画の指導目標とのつながりを確認して、以下の課題が見えてきました。

●自立活動の指導目標に示されている活動が限定されているのは、なぜ？
●作業学習の指導目標に自立活動の視点が盛り込まれているが、自立活動の指導目標との関連は？
●自立活動の後期の目標「グラウンドを8周回る」は、自立活動として何をめざしているの？
●ケントくんが「落ち着く」状態とは、具体的にどんな姿なの？

### ②時間における指導だけが自立活動？

　自立活動の指導目標に示す活動（ボッチャ、ボウリング、ランニング）が限定されていたのは、これらが自立活動の時間における指導で取り上げる活動だったからでした。「自立活動の指導目標＝時間における指導の目標」となっていたため、時間における指導の活動範囲内での目標設定になっていました。

　その一方で、自立活動は教育活動全体で行うという認識はあったため、各教科等を合わせた指導（作業学習）の指導目標に自立活動を意図した目標を盛り込んでいました。しかし、教育活動全体としての自立活動の指導目標を明確に設定していなかったことで、作業学習の中でねらっていた自立活動の指導目標との関連が捉えにくくなっていました。このため、まずは自立活動の年間目標について、教育活動全体を通じた目標に見直すことにしました（表3-1-2）。

表3-1-2　見直し後の個別の指導計画の自立活動と作業学習の指導目標

| | | 個別の指導計画の指導目標 |
|---|---|---|
| 自立活動 | 年間目標（教育活動全体） | (1)適切に人と関わり、落ち着いて行動することができる。(2)最後まで見通しをもって課題をやり遂げることができる。 |
| | 前期の目標（時間における指導） | ボッチャやボウリングの競技に参加し、友達や教師と楽しく交流することができる。 |
| | 後期の目標（時間における指導） | ランニングの時間は、友達や教師と一緒に参加し、途中で大きな声を出したり人や自分自身を叩いたりすることなく、走る距離を増やすことができる。 |
| 作業学習 | 年間目標 | 作業の工程を覚え製品の質を高めるための教師からの働きかけを受け入れ、落ち着いた状態で活動を終えることができる。 |
| | 前期の目標 | 箸置き作りのやり方を覚え、落ち着いて目標の個数を仕上げることができる。 |
| | 後期の目標 | 教師の働きかけを受け入れ、製品の質を高め、集中して取り組める目標数を増やすことができる。 |

※点線は、指導目標を見直した部分を示しています。

### ③中心的な課題から育てたい力を具体的に考える

教育活動全体を通じた自立活動の年間目標とするために、ケントくんの課題を改善する上で必要なことは何かを考えました。個別の教育支援計画でめざす姿と目の前のケントくんの実態を踏まえると、学習を進める上でカギとなるのは彼が「落ち着く」ことでした。そこで、ケントくんが「落ち着く」状態とは、具体的にどんな姿になることをめざしているのか、あらためて考えました。その結果、担任を含めた「他者からの働きかけを受け入れることができるようになる」ことであると確認しました。このため、自立活動の年間目標を「適切に人と関わり、落ち着いて行動することができる」と修正しました。

2つ目の年間目標については、「評価しやすい」ということで「8周」という数値目標を掲げていました。しかし、自立活動としてその数値目標の意味を考えた時に、「8周」が重要なのではなく目標回数を「最後まで走りきること」、つまり、「最後まで見通しをもって課題をやり遂げることができる」ことの方が重要であることに気づきました。これは、作業学習を含む全ての教育活動にも当てはまることでした。

見直した自立活動の年間目標に基づき、前期・後期の自立活動の時間における指導の目標も再考しました。また、作業学習の指導目標についても、自立活動の年間目標に位置付けた他者との関わりや課題をやり遂げるという指導目標を反映した内容に見直しました（表3-1-2）。見直し前の自立活動の指導目標は、6区分の「心理的な安定」と「コミュニケーション」に関わる内容でしたが、ケントくんの中心的な課題と彼に育てたい力を考えた結果、「人間関係の形成」に関わる内容が主たる課題であり、それを支えるのが「心理的な安定」であることがわかりました。

### ④可能性を引き出すための教材の工夫

ケントくんが落ち着いて学習に臨むためには、「見通しをもてること」が欠かせませんでした。事前に作業の手続きや内容を伝えてはいましたが、口頭による教示が中心であったため、ケントくんにとっては理解しづらいものでした。

そこで、複雑な教示をわかりやすく伝えるために、視覚的な手がかりを用意することにしました。具体的には、作業学習での箸置きのでき映えを確認できるように、写真と簡潔な文による「基準表」（図3-1-1）を作成しました。基準表には、6つの基準（正しいでき映えと失敗した

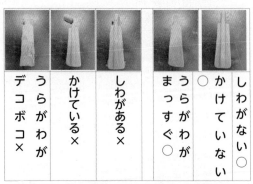

図3-1-1　箸置きのでき映えを確認する基準表（導入時）

場合）を示しました。

　この基準表を用いることで、教師にその都度、作り直しを指摘されるのではなく、ケントくんが自分で作り直しの必要性を判断できるようになることをねらいました。ケントくんは、納得できると落ち着いて作業することがきるため、基準表を用いることは有効と考えました。

### ⑤自閉症の特性だけでなく、「目の前の」子どもの実態に応じることが大切

　基準表を導入したことでケントくんの作業が進むと考えていましたが、ケントくんは基準表を使おうとはしませんでした。視覚的な手がかりを用いているのに、なぜケントくんがそれを使おうとしないのかが不思議でした。その理由を考えたところ、基準が細かすぎるため、わかりにくいのではないかと思いました。シンプルにするためにどの基準を省くかを検討し、「しわがない」、「かけていない」、「うらがわがまっすぐ」を残すことにしました。しかし、ケントくんは、この３つの基準でも成形することができませんでした。「自閉症の支援では、否定的ではなく肯定的な表現を用いること」と言われているため肯定的な表現の方を残したのに、なぜだろうと疑問に感じました。

　どのような示し方だと、ケントくんが理解しやすいのかを考えました。ケントくんはでき映えを確認する時、成形した箸置きに触れて「凸凹」や「しわ」を確認していました。手の感覚ででき映えを判断している様子から、その感覚とつながる表現の方を残した方が良いと考えました（図3-1-2）。

　ケントくんは基準表で確認しながら作業を行い、裏側が凸凹ではない箸置きを作ることができるようになりました。自分ででき映えを確認してから作り直すようになったため、教師から指示されることが減りました。時には、基準表を用いていても作り直しが必要になることがありました。担任が口頭だけで教示していた時には、ケントくんは指摘を受けると怒り出し、作り直すことを拒否していました。しかし、まずは

図3-1-2　箸置きのでき映えを
　　　　　確認する基準表（改善版）

自分で確認するようになってからは、担任が製品にしわが寄っていることを指摘すると、箸置きに優しく触れてしわを消す様子が見られるようになりました。この姿は、まさしく教師が何を求めているのかを理解し、「教師の働きかけを受け入れる」ものでした。

基準表を導入し、ケントくんの理解に合った形に基準表を改善したことは、作業学習の指導目標である「製品の質を高める」ことにつながりました。

⑥数を優先？それとも質が大事？

前期の作業学習では、制作する箸置きの目標数を「30個」と設定していました。しかし、数が多いとケントくんは丁寧に成形したり雑になったりと作業の質にムラが見られました。このため、「30個」にこだわるのではなく、「20～30個」というように目標数に幅をもたせ、「丁寧に完成させること」を優先しました。質を優先したのは、ケントくんが見本を見てある程度、同じように作ることが可能だったからでした。

しかし、作業を進めていくと、ケントくんは20個作り終えると、さらに10個作ることに抵抗を示し、落ち着かなくなってしまいました。目標数に幅をもたせてしまうと、ケントくんは20と30どちらがゴールなのかがわからず、混乱してしまいました。丁寧に仕上げることを優先して、「20個」を目標にすることに変更しました。

## （4）新たな作業に挑戦！

ケントくんが熱心に作業に向かう姿を見て、「（ケントくんが）取り組むことのできる作業内容の幅を広げたい」と思えるようになりました。そこで、これまで制作してきた扇形の箸置きではなく、新たな形の箸置き作りに挑戦することにしました。

全て新しい形の箸置き作りに変えるのではなく、通常制作している扇形の箸置きと新しい形の箸置きを半分ずつ制作することにしました。変化を好まないケントくんなので、いつも作っている扇形の箸置きを選ぶのではないかと予想していましたが、ケントくんは新しい形の箸置きを作ることを選びました（図3-1-3）。

「いろんな小物作りに挑戦して、できることを増やしていきたい！」、「ケントくんの可能性をつぶすことなく伸ばしていきたい！」という担任の思いが、目に見える形で達成した瞬間でした。

こうしたケントくんの変化を目の当たりにして、子どもの変化に応じて柔軟に迅速

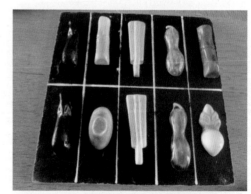

**図3-1-3　制作された様々な形の箸置き**

に手立てを講じて指導していきたいと思えるようになりました。

## （5）学びの定着

　ケントくんたちの小物班が制作した箸置きは、学校祭で販売されました。箸置きを購入したケントくんの母親から寄せられた手紙に、こんなエピソードが綴られていました。

　ケントくんは、食事時に自ら自作の箸置きを準備して、使用したそうです。その時、箸置きの裏面をチェックしながら「裏は…」と、（母親によると）「やり直しかどうかの基準チェックらしいことを言っていた」とのことでした。このエピソードから、ケントくんが「製品の質を高める」ことの意味を理解して作業学習に取り組んでいたのだと実感しました。

（柳澤　亜希子・夏海　良雄）

　本事例は、国立特別支援教育総合研究所の平成 28 〜 29 年度基幹研究（障害種別研究）「特別支援学校（知的障害）に在籍する自閉症のある幼児児童生徒の実態の把握と指導に関する研究－目標のつながりを重視した指導の検討－」研究成果報告書に掲載した実践事例を加筆・修正したものです。

## 2　変化が苦手というのは、思い込み？
### －子どもの些細な変化を捉えることで可能性が見えてくる－

### ここがポイント！

●変化が苦手であった高等部３年のカズアキくんでしたが、予定の変更の受け入れが可能になってきたことから、「できることを伸ばす」視点で自立活動と作業学習の指導目標を具体的に見直したことにより、カズアキくんにつけたい力が明確になりました。
●指導目標を具体化したことで、評価の観点が明確になりました。
●評価の観点が明確になったことでカズアキくんの些細な表情や動作から彼の変化を捉えることができるようになり、指導方法や授業の改善につながりました。カズアキくんも達成感をもって作業することができました。

### （1）作業学習に勤しむカズアキくん

　特別支援学校（知的障害）高等部３年の重度の知的障害を伴う自閉症のあるカズアキくんは、苦手な音（声）が聞こえると耳をふさぎ、その場から離れてしまう行動が見られました。また、気持ちが不安定になると大きな声を出して飛び跳ねたり、教師の腕を強く握ったりもしました。その一方で、他者からの言葉による指示には概ね従うことができ、指さしやクレーン、絵カード、発声などで自分の意思を表出することができました。また、やるべきことが明確で見通しのもてる活動であれば、集中して取り組むことができました。以前は、予定の変更を受け入れることが難しかったカズアキくんでしたが、最近はカードで変更を提示すると受け入れられるようになってきました。

　カズアキくんは、学校卒業後の進路を見据えて作業学習に勤しんでいました。作業学習では、個別に用意された作業（「不要になった用紙をシュレッダーにかける」、「空き缶のプルタブを取り除く」など）や外部からの委託作業（ネットや苗ポットのラベル貼り）に取り組む作業班に所属し、ほか２人の生徒と小グループで作業学習（図3-2-1）を行っていました。

　作業学習では、主に個々に用意された作業を行っていましたが、収集したリサイクル用の空き缶が貯まると３人で近隣の回収所に運搬し、作業の成果であるリサイクル代金が貯まると、各自で好きな飲料を購入していました。

**図3-2-1　作業学習（個別に用意された作業に取り組む）の様子**

　表３-２-１は、カズアキくんの個別の教育支援計画です。高等部３年間でめざす目標は、カズアキくんなりのコミュニケーション手段を獲得して、他者にわかるように自分の思いを伝えられるようになること、安定して活動に取り組むことができるようになること、そして、基本的生活習慣の定着でした。

　これらの目標を踏まえて、高等部３年の１年間でめざす目標（重点目標）は、カズアキくんの伝えやすい方法（ジェスチャーや発声など）で意思を伝えられるようになること、スケジュールを用いて見通しをもち安定して活動に取り組むこと、基本的生活習慣としては衣服の着脱が一人で可能になることでした。

**表3-2-1　個別の教育支援計画でのカズアキくんのめざす姿**

| | |
|---|---|
| 長期目標<br>（3年間） | ①自分に合ったコミュニケーション手段を確立し、相手に自分の思いをよりわかり易く伝えることができる。<br>②マナーやルールを守り、様々な活動に安定した気持ちで取り組むことができる。<br>③基本的生活習慣の定着を図り、確実に一人でできる日常生活動作を増やす。 |
| 重点目標<br>（1年間） | ①ジェスチャーや発声、口の動き、絵カードなど、自分が伝えやすい方法で自分の思いや願いを相手に伝えることができる。<br>②スケジュールやカレンダーを使って活動や予定を理解し、安定した気持ちで活動に取り組むことができる。<br>③衣服の前後を正しく理解して、着脱が一人でできるようになる。 |

## （2）できていることは把握しているけれど…すでに達成していることが目標となっている？

　個別の教育支援計画の各目標に基づき、表3-2-2のように自立活動の年間目標、作業学習の年間目標及び前期と後期の指導目標を設定しました。

　カズアキくんの目指す姿を自立活動の6区分に照らし合わせると、①は「コミュニケーション」に関する内容、②は見通しをもつことはカズアキくんが落ち着いて活動するには欠かせないため、手がかりとなるスケジュールなどの理解と関連付けて「心理的な安定」と「環境の把握」に関する内容でした。

表3-2-2　個別の指導計画における自立活動と作業学習の目標（見直し前）

| 自立活動 | 年間目標 | ①自分が伝え易い方法で自分の思いや願いを相手の近くに行って伝えることができる。<br>②スケジュールを見て活動の予定や順番を理解したり、カレンダーを見て1週間程度の見通しをもったり、曜日を理解したりすることができる。 |
|---|---|---|
| 作業学習 | 年間目標 | (1)一人で「できる作業」を3つ以上増やし、自信をもって取り組むことができる。<br>(2)作業で使用する道具やスケジュールカードを見ることで作業の内容や予定を理解し、最後まで安定した気持ちで作業に取り組むことができる。 |
| | 前期の目標 | (1)一人で「できる作業」を2つ以上増やし、意欲的に作業に取り組むことができる。<br>(2)その日に取り組む作業やスケジュールを見て終わりを理解し、安定した状態で作業に取り組むことができる。 |
| | 後期の目標 | (1)一人で「できる作業」を1つ以上増やし、自信をもって意欲的に作業に取り組むことができる。<br>(2)その日に取り組む作業やスケジュールを見て、作業の内容や順番を理解し、最後まで安定した状態で作業に取り組むことができる。 |

　作業学習の年間目標に基づき、カズアキくんが作業に意欲的になってきたことを踏まえて、前期の目標の一つを「意欲的に作業に取り組むことができる」としました。

　また、担任は、カズアキくんが指さしやクレーン、絵カードなどを用いて自分なりに意思を表出することができることや繰り返し行っている作業には見通しがもてていること、変更を受け入れられるようになってきているということを把握していましたが、それらをあらためて目標に掲げていました。

### ①数値目標の設定理由は？

　作業学習の年間目標にはできる作業を「3つ以上増やす」、前期の目標には「2つ以上増やす」、後期の目標には「1つ以上増やす」と数値目標を設定していました。このように数値目標を設定した理由は、カズアキくんが目標をもちやすく、担任が指導の評価をしやすくなるからでした。

　しかし、カズアキくんの作業遂行状況によっては、「3つ」などの数値目標は変更の可能性があるのではないかという指摘を受けて、目標値として設定した数をこなすのではなく、作業の「種類」を増やすことが重要であると考え直しました。作業の種類を増やすためには、カズアキくんが新たな作業内容や作業方法について学ぶことが必要であり、そのためには担任からの教示を受け入れることが必要であると考えました。

### ②「自信をもつ」「意欲的に取り組む」「安定する」とは、どんな姿なの？

　作業学習の年間目標と前期・後期の目標には、カズアキくんが「自信をもつ」、「意欲的に取り組む」、「安定した気持ちで取り組む」との目標を示していました。ところが、カズアキくんが「自信をもつ」とはどのような姿なのかと問われたところ、即座にその具体的な姿を述べることができませんでした。

　カズアキくんの作業に臨む姿から、彼の自信や意欲、安定した気持ちをどのように評価するのだろうかと考え直しました。

## （3）子どもに「つけたい力」から指導目標を見直す

### ①「できることを伸ばす」視点で指導目標を見直す

　自立活動の年間目標のコミュニケーションに関する指導目標①については、カズアキくんが自分なりの方法で他者に意思を伝えることができていることを踏まえて、彼からの一方向の関わりでなく、他者からの働きかけを受け入れるといった双方向的な目標に変えました（表3-2-3）。

　作業学習の目標に自立活動の指導に関わる目標も含まれていたため、自立活動の指導目標の見直しに伴い、作業学習の年間目標と前期・後期の目標も見直しました（表3-2-3）。具体的には、「作業の種類を増やす」という目標の達成に向けて、カズアキくんが相手からの教示を受け入れることが必要になると考え、「他者からの言葉かけや働きかけに応じて自分の行動を調整し、他者と一緒に落ち着いて作業に取り組むことができる」という目標を新たに加えました。

**表3-2-3　個別の指導計画における自立活動と作業学習の指導目標（見直し後）**

| 自立活動 | 年間目標 | ①自分の思いや願いを伝えやすい方法で相手に伝えたり、相手からの言葉かけや働きかけに対して、落ち着いて応じたり受け入れたりすることができる。<br>②スケジュールを見て活動の予定と内容を理解し、最後まで安定した気持ちで取り組むことができる。 |
|---|---|---|
| 作業学習 | 年間目標 | (1)作業の道具やスケジュールカードなどを見ることで作業の内容や順番、予定を理解し、準備から片付けまで安定した気持ちで作業に取り組むことができる。<br>(2)始めから終わりまで一人で取り組める作業の種類を増やすとともに、作業手順の追加や変更をスムーズに受け入れ、作業技能を向上させたり作業の質を高めたりすることができる。<br>(3)他者からの言葉かけや働きかけに応じて自分の行動を調整し、他者と一緒に落ち着いて作業に取り組むことができる。 |
| | 前期の目標 | (1)その日に取り組む作業道具やスケジュールカードを見て作業の終わりを理解し、安定した気持ちで作業に取り組むことができる。<br>(2)始めから終わりまで一人で取り組める作業の種類を増やすとともに、より良い作業をするために必要な手順の追加や変更等に慣れ、作業技能を向上させたり作業の質を高めたりすることができる。<br>(3)他者からの言葉かけや働きかけを受けて、相手の声や動作に意識を向け、作業動作を止めたり次の作業を待ったりすることができる。 |
| | 後期の目標 | (1)その日に取り組む作業道具や数字カード等を見て作業の終わりを理解し、安定した気持ちで作業に取り組むことができる。<br>(2)始めから終わりまで一人で取り組める作業の種類を増やすとともに、より良い作業をするために必要な手順の追加や変更などをスムーズに受け入れ、作業技能を向上させ作業の質を高めることができる。<br>(3)他者からの言葉かけや働きかけに意識を向け相手からの要求などに応じたり、相手の行動を待ったりして、他者と一緒に落ち着いて作業に取り組むことができる。 |

※点線は、指導目標を見直した部分を示しています。

## （4）変化が苦手というのは思い込み？

　指導目標を具体化し、それに沿ってカズアキくんの達成状況を評価するようになると、提示した教材や教具が彼にとって効果的であったか、逆に理解しにくかったのはなぜか、そして、これらの想定される理由や改善策についても振り返るようになりました。当初は具体的に指導目標を設定することに難しさを感じていましたが、そうすることが結果としてカズアキくんの実態把握になることに気づきました。指導目標を具体化することによって日々の授業の評価の観点が明確になり、それがさらに彼の実

態を深く理解することにつながりました。

　後期の作業学習では、定番の作業に新たな作業（外部委託作業であるネットや苗ポットのラベル貼り）を追加したり、いつもの作業工程に新たな手順を追加したりしました。この理由は、カズアキくんが「カードで変更を提示すると受け入れることができる」ことを踏まえて、他者からの働きかけに意識を向け、手順の追加や変更を受け入れることで「作業の種類を増やす」、「作業技能の向上や作業の質を高める」ことを意図したからでした。

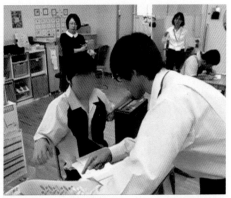

**図3-2-2　担任の教示に応じるカズアキくん**

　また、外部からの委託作業では一定の質が要求されるため、「教員の（完成品の）チェックを受けて作り直しを求められる」ことを想定し、「他者からの言葉かけや働きかけに意識を向け、相手からの要求に応じる」ことをめざして指導を進めました（図3-2-2）。

　これまでのカズアキくんは、やってきた方法や流れを変更されると強く抵抗しました。しかし、新たな作業に取り組んでみたところ、カズアキくんが次の指示や動作を待っていることに気づきました。こうした変化を目の当たりにし、カズアキくんは「変化に対する抵抗が強い」と思い込んでいたことで、教師の方が新しいことや変更を伴う活動に慎重になり過ぎていたと反省しました。目標としてねらう姿はそのままで、作業内容に変化を加えることにより、カズアキくんにより確かな作業力が身につくように指導していきたいと思えるようになりました。カズアキくんの評価の観点が明確になり、授業場面でこれまで気づかなかった彼の可能性や変化に気づけるようになりました。

## （5）子どもの些細な表情や動作から変化や可能性に気づく

　評価の観点が明確になると、カズアキくんの表情や行動などを細やかに観察できるようになりました。例えば、外部からの委託作業のネットのラベル貼りを行った際に、カズアキくんはラベルが完全にくっついていないことに気づき、自らラベルが浮いている部分を押さえて仕上げる様子が何度も見られました。また、ラベルが斜めになっていると、はがしてやり直そうとする姿も見られました。こうした姿はまさしく、カズアキくんが作業の仕上がりの善し悪しをイメージできているからこそ見られた行動であり、作業の意味を理解できている現れだと確信しました。また、苗ポットのラベル貼り作業でラベルがきれいに貼られていない時に、カズアキくんは貼りきる前に貼

り直したり、完成品をかごに入れる前に指でラベルを押さえたりしてラベルをきれいに貼る様子が見られました（図3-2-3）。カズアキくんが機械的に作業しているのではなく、良い仕上がりにしようという意識があるのだと感じました。

図3-2-3　熱心にラベル貼りをする
カズアキくん

　カズアキくんの行動に注目して、その意味を推察したり解釈したりすることで、担任の働きかけが彼にもたらす影響についても振り返るようになりました。具体的には、カズアキくんがちょっと頑張ってできたという時に、「すごいね」、「上手いね」などの言葉をかけると彼の表情が緩み、「できた感」や「満足感」といった感情を味わっているように見えることがありました。こうした表情は、カズアキくんが「頑張ってできた」という自己評価と担任の評価が一致した瞬間に生まれました。

　やみくもに褒めれば良いのではなく、「この瞬間」というものがあり、子どもが実感を伴って達成感を得るためには、タイミングを捉えた教師の共感的な働きかけが重要になるのだと考えます。

## （6）授業は誰のため？「教師の思い優先」から「生徒の姿優先」へ

　これまでの授業では、作成した学習指導案通りに進めようとか、この場面ではこの手立てを行おうとか、得てして教師のプランに沿って授業を進めがちでした。しかし、カズアキくんにはこんな姿になって欲しいと目標重視で取り組んだところ、「プラン優先」「教師の思い優先」ではなく「目標優先」「生徒の姿優先」の授業になりました。また、指導では先んじて対応するのではなく、カズアキくんがどんな反応を見せるのだろうと待てるようになり、目標達成のためにはこうした方が良いかもしれないと判断して、その場で手立てや関わり方を柔軟に変更できるようにもなりました。

　目標の達成に近づいていくカズアキくんの姿を見て嬉しくなったり、考えた手立てが上手くいって喜んだり、彼が予想とは異なる姿を見せると「次はこうしてみよう」と手立てを考え直して授業改善をする中で、教師としての喜びがさらに増しました。また、カズアキくんが本当にできるようになったのか、目標を達成できたのか、新たな課題は何かといった視点をもって、より詳しく彼の姿を観察するようになりました。

　日々の授業の中で子どもの表情や行動を細やかに観察し、その理由を解釈して仮説

を立てることが授業改善につながるのだと考えます。

### （7）関係性の広がりへの期待

　自立活動の指導目標の見直し後、カズアキくんからの表出だけでなく、他者からの言葉かけや働きかけに対して落ち着いて応じたり、受け入れたりすることができるようになることをめざして指導を行ってきました。

　指導の積み重ねの結果、一緒に作業学習に取り組む仲間や地域住民との関わりにおいて、カズアキくんの様子に変化が見られるようになりました。例えば、リサイクルの空き缶を回収所に運搬する際には、リーダーである生徒の指示に従いながら道中を移動したり、「代金計算シート」を手がかりにしてリサイクルで得られた代金を一緒に確認したり（図3-2-4）する姿が見られるようになりました。また、回収所の店員とのやりとりがスムーズになってきたことで、店員からのカズアキくんへの声かけや働きかけが徐々に増えていきました（図3-2-5）。

　他者と相互に関わり合う力がカズアキくんに育ちつつあり、学校卒業後の進路先で安定した人間関係を築けるようにするためにも、進路先にこのことを引き継いでいきたいと思います。

図3-2-4　リーダーと一緒に代金を確認　　図3-2-5　回収所の店員とのやりとり

（柳澤　亜希子・松尾　秀成）

　本事例は、国立特別支援教育総合研究所の平成28～29年度基幹研究（障害種別研究）「特別支援学校（知的障害）に在籍する自閉症のある幼児児童生徒の実態の把握と指導に関する研究－目標のつながりを重視した指導の検討－」研究成果報告書に掲載した実践事例を加筆・修正したものです。

# 第4章

## 校内の理解者を増やそう

―教育活動全体を通じて
自立活動の指導を行うために―

# 1　校内の支援体制が自立活動の指導に影響を与える？

　自閉症を含む障害のある子どもの生活や学習を支えるために自立活動の指導は欠かせません。本書で取り上げている実践事例から、①子どもの実態から目標を設定し、目標に沿った適切な指導内容や指導方法を考えること、②自立活動の指導を障害のある子どもを担当する教師だけが行うのではなく、交流学級担当などの教師と協力して行うことが、より充実した自立活動の指導において必要であることがわかります。

　①目標に応じた指導を行うことをより促進するために欠かせないのは、個別の指導計画です。個別の指導計画を作成し活用することにより、障害のある子どもに対して根拠のある指導と評価が可能となります。また、②は学校全体として特別支援教育を推進し、充実させるために必要不可欠なことです。校内の支援体制を構築し、有機的に機能させることにより、障害のある子どもの指導・支援の質が高まります。①の個別の指導計画の作成や活用も、校内の支援体制により促進されます。

　ここでは、この①と②の観点から、自立活動の指導をより充実させるために必要なことについて考えたいと思います。

## （1）自立活動の指導をより充実させるために欠かせない個別の指導計画

　2018年に国立特別支援教育総合研究所が行った調査[1]（以下、「2018年調査」と記します）によると、自閉症・情緒障害特別支援学級担当者の98.8％が、個別の指導計画を作成していました。では、年度始めや学期ごとに作成した個別の指導計画は、どのように活用されているのでしょうか。2018年調査では、個別の指導計画を作成している教師の多くが、「新たな担当者（連絡先）や次年度の引き継ぎに使用している」や「年度（学期）始め設定した指導目標が適切であるかを振り返る資料として使用している」、そして「保護者と子どもの指導方針を共有するために使用している」ことが示されました（図4-1-1）。

　一方で、「交流先の担任と子どもの実態や指導方針を共有するために使用している」や、「教師が自身の指導（指導方法、教材など）を振り返る資料として使用している」、「日々の授業の見直しの資料として使用している」ことは、活用の程度が他に比べて低いことがわかりました。

　教育活動全体を通じて子どもの目標となる力を育てるためには、子どもの実態や指

---

1）この調査は、3県の自閉症・情緒障害特別支援学級を設置している小学校（1,067校）に質問紙を郵送し、608校の特別支援学級担当者に回答いただきました。不備データを除いた545名のデータを分析対象としました。回答者の自閉症・情緒障害特別支援学級での指導年数の平均は4.1年（SD＝4.3）でした。

導方針を特別支援学級のみに留めるのではなく、交流学級などの教師らと共有していくことが必要です。第2章2「負けたくない！これが、ぼくなりの気持ちを落ち着かせる方法」で紹介されたアユムくんや、第2章4「みんなと一緒に歌うのは楽しい！－交流及び共同学習で自立活動の指導の成果を発揮！－」で紹介されたトモキくんの事例には、交流学級担任と子どもの実態や指導方針を共有することの重要性が示されています。交流学級担任と指導方針を共有することで、指導の一貫性が保障され、さらに交流学級の子どもたちの協力を自然に促すことができました。このように、子どもと関わる複数の教師が子どもの実態や指導方針を共有することは、校内での理解者や協力者を増やすことにつながります。

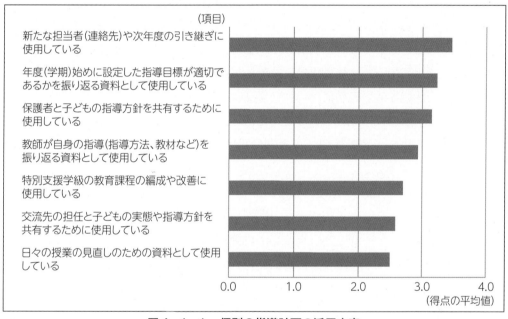

**図4-1-1　個別の指導計画の活用内容**

注）各項目の回答を「あてはまらない」（1点）～「とてもあてはまる」（4点）に得点化したものです。

　また、個別の指導計画を「教師自身の指導（指導方法、教材など）を振り返る資料」や「日々の授業の見直しのための資料」として活用することについては、第2章3「私って、ぼくって、どんな人なの？－お互いを知る中で自己理解が深まる－」の事例からヒントを得ることができます。そこでは、人間関係の形成に課題をもつ5・6年生に対して小集団による指導を展開していく際に、ゲーム性の高い活動と目標との乖離を感じていた教師の悩みが記されています。その時、目標に立ち返り、目標を再度意識したことで、必要な指導内容を見つけ、指導方法を工夫することができたと言えます。

　年度始めのように子どもたちと直接関わることが少ない状況で個別の指導計画を作

成することは、前年度の引き継ぎの資料があるとはいえ、難しい作業です。そのため、いざ授業を進めていくと、当初考えていた子どもの実態が異なり、設定した目標とのズレに気づくことがあります。

第3章1「不安を感じているのは、どっち？ー強みを活かすことが指導の改善につながるー」と第3章2「変化が苦手というのは思い込み？ー子どもの些細な変化を捉えることで可能性が見えてくるー」の事例は、まさに子どもの実態と目標とのズレを見直した事例です。授業の中での子どもの様子や教師自身の関わりを振り返り、子どもの実態と目標を随時見直し修正していくプロセスが、個別の指導計画の活用の一つのあり方であると考えます。

個別の指導計画を活用することは、自立活動の指導の目的や意義をより意識することにつながります。2018年調査では、個別の指導計画を積極的に活用している教師の方が、積極的に活用していない教師より、自立活動の指導の意義に関する項目の回答得点の平均値が有意に高い結果が見られました。図4-1-2を見ると、個別の指導計画を積極的に活用している教師の方が、積極的に活用していない教師よりも自立活動の指導が「教師が学校卒業後の自閉症のある子どもの姿をイメージして指導することができる」ことや、「自閉症のある子どもの教科学習を保障することにつながる」と感

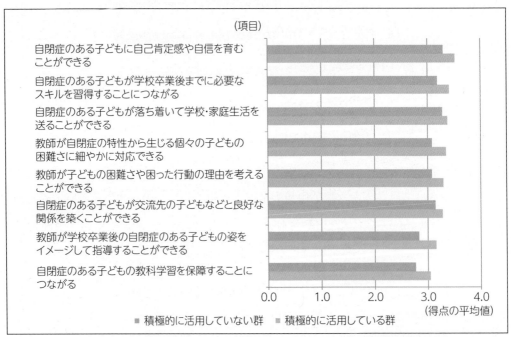

**図4-1-2　個別の指導計画の活用有無における自立活動の指導の意義**

注）各項目の回答を「あてはまらない」（1点）〜「とてもあてはまる」（4点）に得点化したものです。

じていることがわかります。個別の指導計画の活用において最も大事なのは、子ども
につけたい力（目標）を見直し、明確にすることであるため、学校卒業後の姿や教科
学習の保障について意識するようになることは、容易に推測できます。

　しかし、個別の指導計画を活用する際に、多くの教師は、見直す時間の余裕がない
ことで悩んでいるようです。もしかすると、個別の指導計画を活用することの重要性
はわかっていても、毎日の多忙さゆえに、つい後回しになることがあるのかもしれま
せん。その時に支えとなるのが、校内の支援体制です。

## （2）校内で支え合う体制が自立活動の指導をより充実させる

　特別支援学級を初めて担当する教師にとっては、個別の指導計画を作成し活用する
ことは、容易なことではありません。また、特別支援学級の経験年数の長さとも必ず
しも比例するとは限りません。

　2018年調査では、校内で支援体制があると感じている教師は、個別の指導計画をよ
り積極的に活用していることがわかりました。支援体制があると回答した教師の方が、
支援体制が少ないと回答した教師より、個別の指導計画の活用に関する項目の回答得
点の平均値が有意に高かったのです。校内の支援体制としては、「校内で個別の指導計
画について相談しやすい雰囲気がある」と感じていることが最も多く、次いで「複数
人で個別の指導計画を作成する体制がある」が見られました（図4-1-3）。相談相手

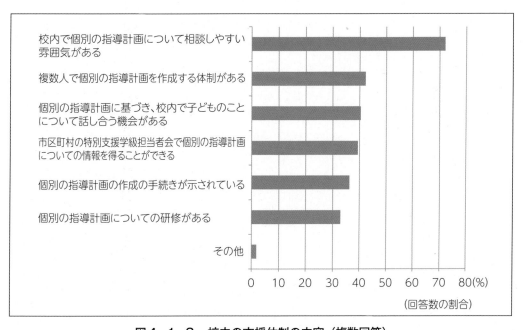

**図4-1-3　校内の支援体制の内容（複数回答）**

としては、「特別支援学級の同僚」が最も多く、「交流学級の担任」、「特別支援教育コーディネーター」があげられました。

　図4-1-3の「個別の指導計画の作成の手続きが示されている」や「個別の指導計画についての研修がある」よりも、「校内で個別の指導計画について相談しやすい雰囲気がある」という回答が多かったことは、個別の指導計画の作成・活用方法のプロセスよりも、日頃の悩みを話し合い、子どもたちの様子を共有する教師同士の関係づくりが、指導力の向上に良い影響を与えることを示唆しています。

　では、どうすれば「相談しやすい雰囲気がある」校内の支援体制を構築し、教師同士が子どもたちへの指導に関する日頃の悩みについて気軽に話し合える関係をつくることができるのでしょうか。特に、交流及び共同学習の効果を最大限に引き出すためには、交流学級の担任をはじめ校内の教職員との関係づくりや共通理解を図っていくことが重要ですが、どうすれば良いのでしょうか。各自治体や学校で校内の支援体制や連携に関する研修が行われることが多いですが、お互いの考えを共有していくための研修を行うには、どのような工夫が考えられるのでしょうか。

　校内の支援体制が個別の指導計画の活用を促し、自立活動の指導にも良い影響を与えることが示唆されたことを踏まえ、どのように校内の支援体制を構築していけば良いかについて、次の事例を通して一緒に考えたいと思います。

（李　熙馥）

　本稿で紹介した2018年調査の結果は、日本特殊教育学会第57回大会でポスター発表（「個別の指導計画の活用状況と自立活動の指導に対する教師の意識－小学校の自閉症・情緒障害特別支援学級に焦点を当てて－」）を通して公表しました。

## 2　校内連携を進めるために校内研修を活かそう

　特別支援教育に関わる校内支援体制が整備され、交流及び共同学習が積極的に実施されている学校であっても、よく目を凝らしてみると課題が浮かんできます。よく耳にするのは、交流及び共同学習を進めるために、特別支援学級担任と交流学級担任が連携を図るための時間が少ないことです。このことによって、交流学級担任の特別支援学級の子どもたちに対する理解がなかなか深まらず、対応に苦慮しているということを耳にします。

　ここでは、特別支援教育に対する理解を促し、校内の理解者や協力者を増やしていくための校内連携の取組について紹介します。

### ここがポイント！

- ●通常の学級担任の特別支援学級の子どもたちや特別な支援や配慮が必要な子どもたちへの理解と学校全体で特別支援教育に取り組む意識を促すために、校内研修会と授業研究会の場を活用しました。
- ●疑似体験やグループ協議を導入したことで、通常の学級担任も主体的に研修会に参加することができました。
- ●特別支援学級の校内授業研究会で教科指導を取り上げたことにより、通常の学級担任も参加しやすくなりました。また、特別支援教育の視点を具体的に示したことで、特別支援学級の子どもだけでなく、全ての子どもにとってわかりやすい授業とは何かを考えるきっかけにもなりました。

### （1）交流及び共同学習における通常の学級担任の悩み

　本校では、特別支援学級に在籍する24人全ての子どもが交流及び共同学習を行い、通常の学級の子どもたちと一緒に活動していました。また、通常の学級18学級中15学級が、交流及び共同学習を実施していました。交流学級の担任は、特別支援学級の子どもたちの受け入れに前向きではあったものの、多くの担任が課題や悩みを抱えていました。具体的には、特別支援学級の子どもたちに「どのくらい課題を与えて良いのか、わからない」、「彼らの行動について、他の子どもたちとの違いをどのくらい認めて良いのか悩んでいる」、「学習評価をどのようにしたら良いか迷う」といった声があがっていました。特別支援学級の子どもたちがどの程度学べるのか疑問に感じていたり、また、彼らの姿（特性からもたらされる行動など）を通常の学級の子どもたちの姿と比較して捉えたり、障害特性を当てはめたりしており、目の前の子どもに対す

る理解が深まっていないことが根底にあることがわかりました。

　そこで、通常の学級担任に特別支援学級の子どもたちについての理解を深めてもらうために、校内研修の機会を活用することにしました。

## （2）校内研修の見直しからスタート

　学校では、年4回、特別支援教育に関する校内研修に取り組んでいました。研修の内容は、「障害理解を深める基本的な研修」と「特別支援教育の現状を知る研修」であり、どちらも講義中心でした。そして、特別支援学級の授業研究会がありました。

　講義中心の研修では、当初、通常の学級担任から「専門用語があり難しい」、「通常の学級では実践が難しいのではないか」、「特別支援教育は特別な場（特別支援学級など）で取り組めば良いのではないか」という意見がありました。また、特別支援学級の校内授業研究会で取り上げる内容は、通常の学級の教育課程にはない自立活動や生活単元学習であったため、通常の学級担任からは、「自立活動のねらいを理解することが難しい」、「通常の学級では実施できない」というように研修への参加意欲が消極的でした。

　特別支援学級担任の専門性を高めることは大切です。しかし、特別支援教育は、特別な支援を必要とする子どもが在籍する全ての学校において実施されるものとされており、全ての教職員がそれについて学ぶ必要があります。このため、これまでの校内

### 表4-2-1　校内研修年間計画

| 実施月 | 回 | 研修内容 | 研修形態 |
|---|---|---|---|
| 5月 | | 初期層（1～7年目の教員を対象）研修<br>「特別支援教育の共通理解」<br>講師：特別支援教育コーディネーター | 講義<br>写真を活用した<br>資料を配布 |
| 7月 | 第1回 | 全体研修「特別支援学級　第3学年　国語科　校内授業研究会」<br>T1：特別支援学級の担任<br>T2：特別支援学級の担任<br>T3：学習支援員 | 学年別グループ<br>協議（低・中・<br>高学年）<br>発表 |
| 8月 | 第2回 | 全体研修・校内夏季研修「特別な教育的ニーズのある児童への理解向上を目指して」<br>講師：大学准教授 | 講義<br>障害種別グループ<br>協議（自閉症・<br>知的障害・LD）発表 |
| 10月 | 第3回 | 全体研修「3年2組（特別支援学級児童を含む）<br>第3学年　国語科/交流及び共同学習　校内授業研究会」<br>T1：特別支援学級の担任<br>T2：交流学級の担任 | 学年別グループ<br>協議（低・中・<br>高学年）<br>発表 |
| 1月 | 第4回 | 全体研修「発達障害等のある子どもの心理的疑似体験」<br>講師：言語聴覚士・特別支援教育士の外部専門家 | 講義<br>心理的疑似体験 |

研修の課題と通常の学級担任からの意見を考慮して、通常の学級担任も主体的に取り組める研修内容を企画しなければいけないと考えました。

　表４-２-１のように、年４回の全体研修を計画しました。改善点は、講義中心の研修をやめてグループ協議や発表、疑似体験などを取り入れた研修にしたことでした。また、通常の学級担任も主体的に研修を受けられるように、教師が互いの意見を発表し合いながら、子どもの視点に立って子どもについての理解を深められるように工夫しました。

　５月の初期層研修では、交流及び共同学習を実施している交流学級の担任には、教職１～２年目の経験の浅い教員が多いことを踏まえて、自校の特別支援教育の体制や子どもたちへの具体的な支援や配慮事例を紹介しました。資料は写真付きで、「教室環境・場面の設定」、「教師の関わり方」、「教材・教具の工夫」の３つの視点で紹介しました。この３つの視点については、第１回目と第３回目の全体研修でも取り上げました。

　第１回目の全体研修では、特別支援学級の特別の教育課程である自立活動や生活単元学習ではなく、通常の学級担任が授業をイメージしやすいように国語科を題材にして行いました。また、３回目の全体研修では、特別支援学級の子どもたちも含めた通常の学級での交流及び共同学習を対象にし、普段は支援にあたっている特別支援学級の担任がＴ１、交流学級の担任がＴ２となって授業を行いました。

　第２回目の全体研修では、仮想事例についての協議と発表を行い、第４回目の全体研修は疑似体験を通して子どもの困難さについて理解を深める研修としました。参加者が意見を出し合い、発達障害のある子どもの疑似体験を通して主体的に学ぶことができました。

　それぞれの研修後には、研修への参加の主体性や研修内容の理解度、子ども理解の向上について確認するアンケートを実施し、今後の研修の改善や全体で共通理解を図るべき事項を知るために役立てました。

## （３）特別支援学級での子どもたちの学びの姿を知ってもらおう

　第１回目の全体研修では、特別支援学級の３年生５人を対象に、特別支援学級で国語科の授業を実施しました。５人は自閉症、知的障害、AD/HD のある子どもたちであり、それぞれ学び方や学習の理解度が異なり、国語の学習に苦手さや課題のある子どもたちでした。それぞれの子どもに対する指導方法や配慮を授業の中で示し、通常の学級担任がそれらに気づくことができるようになることをねらいました。

　特別支援学級では、個々の子どもの学び方を理解し、それに応じた指導を行っています。このため、校内授業研究会では、特別支援学級の子どもの学習の習熟度と個々

の達成状況を踏まえて指導方法を工夫するように心がけていることを伝えました。そして、この考え方は、交流及び共同学習の場面でも考慮して欲しいことを伝えました。

校内授業研究会（７月）では、説明文「めだか」を題材とし、単元名は「めだか博士になろう！」（10時間扱い）でした。本単元では、紙芝居という視覚的な手がかりを用いてめだかについての説明を行い、個々の子どもの理解に応じたワークシートを使用して、説明文の内容の読み取り、文章を引用したり自分の言葉を用いたりして内容を説明できるようになることをねらいました。また、子どもたちが博士になってめだかの生態について発表することで、内容を正しく理解して相手に伝えることができる力を育てることをめざしました（図4-2-1）。

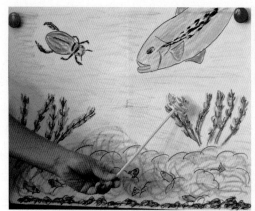

**図4-2-1　授業の様子「めだかの身の守り方ペープサート」と「劇化」**

学習指導案には、前述の初期層研修で確認した３つの視点（「教室環境・場面の設定」、「教師の関わり方」、「教材・教具の工夫」）を「特別支援教育理解チェックシート」（表4-2-2）を添付し、授業をみながら気づいた子どもへの支援や配慮をチェックできるようにしました。このチェックシートを導入したことで、通常の学級担任も特別支援学級の授業を熱心に参観していました（図4-2-2）。

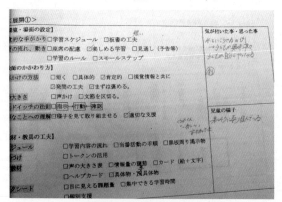

**図4-2-2　授業研究で導入したチェックシート**

**表4-2-2　「特別支援教育理解チェックシート」**

| | | 気がついたこと・思ったこと |
|---|---|---|
| **【環境・場面の設定】**<br>視覚的な手がかり<br>の流れ、動き | □学習スケジュール　□板書の工夫<br>□座席の配慮　□楽しめる学習<br>□見通し（予告等）<br>□学習のルール　□スモールステップ | |
| **【教師の関わり方】**<br>言葉かけの方法<br><br><br>声の大きさ<br>サンドイッチの法則<br>苦手なことへの理解 | □短く　□具体的　□肯定的<br>□視覚情報と共に　□発問の工夫<br>□まずは褒める<br>□声かけ　□文節を区切る<br>□指示→行動←確認<br>□様子を見て取り組ませる<br>□適切な支援 | |
| **【教材・教具の工夫】**<br>スケジュール<br>動機づけ<br>視覚教材<br><br><br><br>ワークシート | □学習内容の流れ　□当番活動の手順<br>□黒板周り掲示物<br>□トークンの活用<br>□声の大きさ表　□情報量の調節<br>□カード（絵＋文字）　□ヘルプカード<br>□具体物・反具体物<br>□目に見える課題量<br>□集中できる学習時間　□個別支援 | 児童の様子 |

## （4）全ての子どもの学習上のつまずきを把握する

　第３回目の全体研修では、特別支援学級児童（24〜31頁に登場しているアユムくんを含む）が学習している交流学級で、特別支援学級の担任がＴ１となって国語科の授業を実施しました。

　交流学級である３年２組は、男子14人、女子11人、そして特別支援学級に在籍する２人を含めて27人の学級でした。新年度を迎えるにあたりクラス替えがあったため、はじめはお互いに緊張していましたが、休み時間や給食の時間になると会話を楽しむ様子が見られるようになりました。２学期になるとお互いを認め合う発言が増えました。３年２組の子どもたちは、分け隔てなく友達に接することができ、学習活動場面で支え合う様子が見られました。

　全体研修の授業を実施する前に、子どもたちに対して「国語自分発見シート」（表4 2-3）というアンケートを行いました。このアンケートのねらいは、交流学級担任

が特別支援学級の子どもの学習上の課題を知ることに加えて、通常の学級の中にも支援や配慮が必要な子どもがいることに気づくきっかけになって欲しいこと、また、子どもが自己評価した学習上の課題を通常の学級担任に認識して欲しいという願いから作成しました。

**表4-2-3 「国語自分発見シート」の項目**

| | 自分の得意なことや苦手なことを確認しよう | 得意○ | まあまあ△ | 苦手× |
|---|---|---|---|---|
| 1 | 人の話を最後まで聞くことができる | | | |
| 2 | グループでの話し合いが得意 | | | |
| 3 | 言いたいことが相手に伝わっていると思う | | | |
| 4 | 音読が得意 | | | |
| 5 | 本を読むことが好き | | | |
| 6 | 考えを頭の中で考えてから発言できる | | | |
| 7 | 漢字の読み書きが得意 | | | |
| 8 | 作文を書くことが得意 | | | |
| 9 | 物語の登場人物の気持ちを考えるのが得意 | | | |
| 10 | 黒板の字をノートに写すのが得意 | | | |
| 11 | 習字道具など片付けがすばやくできる | | | |
| 12 | お手本を見て書くのが得意 | | | |

「国語自分発見シート」では、子どもたちに国語の学習で「得意なこと」と「苦手なこと」を尋ねました。チェック項目は12項目で、「読むこと」、「書くこと」、「聞くこと」に関する内容を設定しました。

アンケートの結果を見ると、半分以上の項目について「苦手」をチェックした子どもには、支援や配慮の必要性を感じました。また、子どもたちが「得意なこと」として回答したのは、「本を読むことが好き」（27人中20人）、「人の話を最後まで聞くことができる」（27人中15人）、「音読が得意」（27人中14人）、「黒板の字をノートに写すのが得意」（27人中14人）でした。一方、苦手なことは、「作文を書くことが苦手」（27人中10人）、「グループでの話し合い」（27人中8人）、「物語の登場人物の気持ちを考える」（27人中8人）でした。12項目のうち半分について「苦手」と回答した子どもは、特別支援学級の2人を含む5人の子どもたちでした。

授業前に、特別支援学級担任と通常の学級担任とで、5人の子どもたちの実態把握を行い、支援や配慮について話し合いました。

## （5）特別支援教育の視点から指導を振り返る

　単元名「絵文字クイズを作ろう」では、「くらしと絵文字」の説明文を取り上げました。絵文字は子どもたちの生活の中で身近なものであり、ノンバーバルコミュニケーションのツールにもなります。この単元では、たくさんの絵文字が紹介されているため、特別支援学級の子どもたちにとっても理解しやすい内容でした。

　特別支援教育の授業づくりの視点として、「板書とワークシートの工夫」、「授業の流れのパターン化」を取り入れました。内容の読み取りや理解を深めるために、具体的な絵文字と説明文のマッチング、絵文字の特徴による仲間分けなど、視覚的な教材を活用しました。毎時間、授業の導入時には絵文字クイズを出題し、絵文字クイズを作ることが苦手な子どもには、教師の手本をみながらクイズを書くことができるように指導しました。

　授業研究後の全体研修では、「国語科における交流及び共同学習の授業づくり〜どの子にも活かせる支援・配慮について〜」をテーマに、特別支援学級と通常の学級に在籍する特別な教育的ニーズのある子どもが、支援や配慮を受けることで、どのような様子で授業に参加していたか、他の子どもたちの様子はどうであったかなど、気づいたことや感じたことを自由に話し合ってもらいました。今回は、第

**図４-２-３　授業研究後のグループ別協議**

１回目の校内授業研究会の学習指導案に盛り込んだ「特別支援教育理解チェックシート」（表４-２-２）を添付しませんでしたが、グループ別協議（図４-２-３）では、特別支援学級と通常の学級の子どもたちへの支援や配慮について活発な協議が行われました。

　具体的には、Ｔ１の授業者である特別支援学級担任による支援について、学級全体に目を配り、支援の必要な子どもだけでなく全員にとってわかりやすい支援や配慮を心がけていたこと、学習のスケジュールの提示、発問や学習活動への指示を明確にすること、手本となるワークシートの拡大版の使用などの教材づくりの工夫が評価されました。一方、課題としては、Ｔ２の交流学級担任に対して、子どもの学習進度を確認しながら机間指導を行っていたものの、特別な支援が必要な子どもへの対応に終始してしまったことがあげられました。

　研修後のアンケートでは、障害特性にばかり注目し、個々の子どもの強みや弱さを

把握して指導することの難しさや教材の工夫、特別な支援が必要な子どもの座席配置の工夫、子どもたち同士の助け合いなどの意見があげられました。交流及び共同学習での特別支援学級の子どもへの支援や配慮の視点だけでなく、彼らも含めた全ての子どもに向けた授業づくりの課題点についても意見が交わされました。また、子どもたちが相互に学び合える授業づくりのために、特別支援学級と通常の学級担任が連携していきたいという意見もありました。

　これまで交流及び共同学習を対象にした授業研究会を行うことがなかったので、有意義な研修になりました。この機会を通して、通常の学級担任が、特別支援学級の子どもたちが交流及び共同学習に参加すれば良いというのではなく、彼らの学び方を理解してどのように支援すべきか、また、どのように彼らの学びを評価すべきかなどについて意見を交わすことができたことは大きな成果でした。

## （6）特別支援学級の実践をオープンにすることが連携の第一歩

　校内連携を進めるための工夫として校内研修を見直したことによる一番の効果は、交流学級の担任の特別支援学級の子どもに対する理解の深まりであり、学級の一員として対応してくれるようになったことでした。これに関しては、24〜31頁で紹介したアユムくんの事例を紹介します。

　アユムくんの交流学級の担任のミサキ先生は、アユムくんが3年生の時に初任者として赴任してきました。4月の交流学級の授業でのアユムくんの様子について、「学級全体を見ていても、アユムくんにはほとんど声をかけられなかった」と振り返っていました。また、初期層研修後のアンケートには、「自分の学級の中で見直すべき点がたくさんあった」、「毎日少しずつ取り組めることは取り組んで、より良い支援ができるよう心がけようと思う」と記載していました。

　第1回目の特別支援学級での校内授業研究会の研修後には、「アユムくんの苦手さは音読や書き取りの力であり、得意なことは劇などの動作化をして理解すること、目標に向かって取り組むこと」とアユムくんの強みと課題の両面に注目していました。また、第3回目の校内授業研究会の研修後には、交流学級の他の教科の学習でも、アユムくんの得意なことを活かせるように支援しようと考えていました。この時のアンケートには、「安心できる居心地の良い学級を築くために、どんなことにも優しく返してあげたい」、「アユムくんも一緒に学習できるよう、友達との関わりを育てていきたい」と記載していました。

　特別支援学級での授業をオープンにしてみましょう。校内連携に向けた第一歩が踏み出せるのではないかと思います。

## （7）チームで取り組むために通常の学級とのパイプ役になる

　特別支援学級の子どもたちの多くは、なかなか集団に馴染めず、担任としては誰にこの状況を相談すれば良いのか悩むことがあるでしょう。私も特別支援学級の担当になった当初は、集団に子どもたちを収めようと必死になり、子どもたちに無理をさせてしまうことがあり悩みました。

　特別支援学級担任として、また、特別支援教育コーディネーターとしての13年間を振り返ると、変わらない考えがあります。それは、「学校はひとつのチームであり、特別支援教育はチームで取り組む」ということです。みなさんの学校にも学校経営計画としてグランドデザインが提示されていると思います。グランドデザインを確認すると、「特別支援教育の推進」が柱の一つになっているはずです。

　私は、校内で特別支援教育を推進するために、特別支援教育コーディネーターとして支援の必要な子どもの情報を収集してきました。これは難しい専門性を要するものではありません。どんな時に子どもが不安になっているのか、興味・関心はどこに向いているのか、苦手なことだけでなく得意なことにも目を向けて子どもの情報を収集しています。ただし、自分だけでは見方が偏ってしまうため、いろいろな人から情報を集めています。本校では、月に一度、校内委員会を行い、特別な支援が必要な子どもの情報を共有しています。また、保護者に向けて「特別支援教育コーディネーターだより」を発行しています。こうした機会を活用して、収集した子どもに関する情報を発信し共有しています。

　また、もう一つ深めてきた考えがあります。それはお互いを尊重し合い、認め合う関係づくりを支えることの大切さです。交流学級の子どもと通常の学級の担任が障害のある子どもを受け入れていくように、私たち特別支援学級の担任は、両者の関係をつなぐパイプ役であると考えます。

　自立活動の指導は、障害のある子どもの課題を克服・改善することを目的としています。しかし、障害のある子どもたちの課題の根底にある障害特性は、指導によって全て改善できるとは限りません。周囲が多様性を受け入れ、時には寛容に受け止め、時には柔軟に対応できるようになることが必要なのです。これからも、そうした器（通常の学級の理解）を育ていきたいと思います。

（金子　道子）

　本実践は、公益法人みずほ教育福祉財団による平成28年度特別支援教育研究助成事業特別支援教育研究論文集「通常の学級担任の特別な教育的ニーズのある児童への理解向上を目指した校内研修の在り方」に加筆・修正を行いました。

第**5**章

自閉症のある子どもの
自立活動の指導で
大切にすべきこと

本書では、学校での実践の様子を示すことを通じて、特別支援学級での自閉症のある子どもの自立活動の指導について、詳細な説明がなされています。ここでは、さらに自閉症のある子どもの自立活動を実践する上で、留意していただきたいことをお示ししたいと思います。

# 1　自閉症の特性を理解するということ

　自閉症の特性に関しては、本書の16～17頁に詳しく記述されています。その特性をみると、自閉症のある子どもは物事の捉え方などに関して、私たちとはまったく異なる存在であるかのように思えます。しかしながら、最近の考え方は、自閉症のある子どもたちが示す特性は、程度の違いはあるものの、いわゆる定型発達と呼ばれる子どもたちも持ち合わせているといわれています。つまり、両者はかけ離れているわけではなく、陸続きのような状態になっているということです。

　そのように考えると、自閉症の特性と呼ばれるものの中には、教師自身にも当てはまる面もあるということになります。例えば、同一性保持という状態があります。急な変更に対処するのが苦手であるという特性です。自閉症のある子どもが何か活動をしている最中に、急に活動の変更を指示されるとパニックを起こしてしまったりします。そのような子どもたちに接した時に、「自分自身の中にも、急な変更が伝えられて、混乱するような場面はないだろうか」と考えてみてください。

　私自身は、朝、出勤の準備をしている時に、妻に突然、何か家事をやるように言われると、ムッとします（顔には出ていないと思いますが）。出勤の準備を整えて予定通りに家を出発したいのに、その通りにいかなくなると嫌な気持ちになります。このような私の状態と自閉症の同一性保持の状態が同じであるかどうかはわかりません。ただ、急に予定を変更されて嫌な気持ちになるのは、多かれ少なかれ、私たちに共通していることだと思います。

　私は「せめて出勤前はやめて欲しい」と心の中でつぶやきながら、家事をします。あるいは、「夜のうちに、言っといてくれたらなぁー」と思ったりします。パニックを起こす自閉症のある子どもも同じではないかと思います。「せめてこの活動をしている時は、声をかけて欲しくない」とか、「もう少し前に伝えておいてくれたら良かったのになぁー」と思っているかもしれません。

　さらに、自分が目の前の自閉症のある子どもであったとしたら、「教師にどうして欲しいだろうか」と想像してみるのも良いかもしれません。どのタイミングで指示をされるのが嫌なのかを想像してみる、どのような伝え方をしてもらえれば理解しやすい

かなどを想像してみる。そうすると、指示の出し方などを工夫するということにつながるのではないかと思います。

　パニックを起こす子どもたちを見て、「自閉症には同一性保持という障害特性があるから、パニックを起こす」という理解だけでは問題解決につながりません。自閉症のある子どもの行動は、奇異なものとして受け取られがちですが、その理由は私たちにも十分に理解できるものです。自閉症のある子どもの様子を見て、自分にその様子と近い状況がないかを考えてみてください。そして、もし自分がその子どもであったなら、教師にどうして欲しいだろうかを想像するところから、本人の理解を進めていくことが大切ではないかと思います。

## 2　将来につながる本人に適した学習環境を発見する

　子どもの行動の理由が理解できたら、次に目標を考えることになります。その際に重要になるのは、「一般的な学習内容」と「学習を支える学び」を分けることです（国立特別支援教育総合研究所，2008）。「一般的な学習内容」とは、例えば教科の内容などがそれに該当します。一方で、「学習を支える学び」とは、一定の時間、机上で勉強をするなどの学習態度を身につけることなどが該当します。実は自閉症のある子どもは「学習を支える学び」に問題を抱えている場合が多いということも理解しておく必要があります。この2つの学習の違いが表面化しやすいのは、知的障害を伴わない自閉症のある子どもたちです。

　知的障害を伴わない自閉症のある子どもたちは、国語や算数（数学）などの教科については、十分に当該学年の内容を理解することが可能である一方で、授業中の学習態度などに困難を抱えています。例えば、「教師が話をしている最中に、他の子どもたちに話しかけ、それを注意してもやめられない」、「グループでの話し合い学習になると一方的に自分の意見を言い続けて、他の子どもの意見を聞くことができない」、「反対に自分の意見をなかなか言えない」などの様子を示す子どもたちです。

　このような子どもたちに対しては、授業参加が可能になるように、それぞれの子どもが抱えている課題を自立活動の目標とすることになるでしょう。そして、それを改善・克服するために、自立活動の時間において、この点を重点的に指導するための課題を行う必要があると思います。また、国語や算数（数学）などの教科の時間であっても、「学習を支えるために必要な行動」を身につけさせるように、指導を進めることは可能です。

　一方で、自立活動の指導の対象となる自閉症のもつ特性は、指導を通じて変化することはあっても、基本的な部分は変わらないと考えられます。最近、自閉症をはじめ

とする発達障害の特性を、ニューロ・ダイバーシティ（脳の多様性）と位置付ける考え方が広まりつつあります。この考え方によると、自閉症のある子どもたちの示す様々な特性は、改善・克服の対象ではなく、脳の使い方が他の子どもたち（いわゆる定型発達）と異なっているだけであり、その脳の使い方を活かす生活を探る必要があるという考え方です。自閉症のある子どもたちが様々な不適応を起こすのは、定型発達者に適した環境に無理に適合させようとしているためであるとも考えられます。むしろ今後の課題としては、自閉症の特性を改善・克服するではなくて、その特性をもちながらも、学習が進むような環境をいかに周囲が用意するかという点にあるとも言えます。

つまり、最初に述べました「学習を支える学び」を自閉症のある子どもたちに学んでもらう一方で、私たちは自閉症のある子どもたちにとって学びやすい環境をいかに整備するかという点も重要であるということになります。「学習環境の構造化（視覚的スケジューリングの提示など）」のように、これまでにも自閉症のある子どもたちに適した学習環境の整備に関するヒントが数多く示されてきています。もちろん、すべての子どもに当てはまるような環境条件は存在しないので、目の前の子どもの様子を観察しながら、子どもと環境条件とを調整（フィッティング）していく必要があります。

さらに、指導の対象となっている自閉症のある子どもについて、その特性に適した学習環境がわかれば、それをいろいろな場所でも応用していくことが必要になります。例えば、特別支援学級の自立活動の時間の指導において、当該の子どもたちが安定して学習に取り組むことが可能な環境を見出すことができたとしましょう。その成果は、特別支援学級における別の授業（例えば、教科）でも活用することが望ましいです。さらには、交流及び共同学習の時間が設定されていれば、通常の学級での授業時間にも適用していきましょう。

一般に、自閉症のある子どもは、学習した内容を別の場面に応用することが苦手（般化の困難性）と言われています。例えば、特別支援学級の自立活動の時間に学んだことを、別の授業時間で活かすことが難しいということです。自立活動の時間の指導によって、他の子どもが話をするのは、じっと待ちながら、聞くことができたとしても、それが教科の授業時間や交流及び共同学習の時間では発揮されないということがよくあります。そのような時に、「子どもの力が身についていない」「子どもの応用する力が乏しい」と考えるのではなく、自立活動の時間において、子どもができている環境条件や指導の要素を、別の場面に教師が活用することを積極的に考えましょう。つまり、「学んだことが別の場面で活かせない」というのは、子どもの応用力が試されているのではなく、教師側の応用力が試されているということかもしれません。

さらに「どのような環境であれば、学習しやすいか」ということは、その子どもが

成長する過程において、引き継がれていく必要があると思います。もちろん、子どもが成長・発達するのに伴って、必要な学習環境は変化していくと思います。しかし、進級して担任が変わったり、小学校・中学校・高等学校と進学したりした後で、また新たに学習しやすい環境を一から探るのは、子ども本人にとっても大変な不利益になります。小学校段階において、自立活動の授業時間を中心に、本人の学習しやすい環境を見つけ、それを引き継ぎながら、少しずつ、本人の成長に合わせてブラッシュアップしていくべきであろうと思います。最終的には、本人自身が、自分が快適に生活できる環境について自己理解をして、大学生活を送ったり、社会生活を送ったりすることができるようになることが望ましいと思います。

## 3　個別の指導計画は「台本」ではなく、「ゲームプラン」

　次に個別の指導計画に関することです。よく具体的な目標を設定したり、それに沿って指導内容を決めたりすると、実際の授業が窮屈に感じられてしまう先生もいらっしゃるかもしれません。一方で、個別の指導計画やそれに基づく授業案などに縛られて、子どもの様子にうまく対応できなかったという経験をおもちの先生もいらっしゃるのではないでしょうか。

　いずれの問題も、計画通りに授業を進めなければならないという考え方が背景にあるのではないかと思います。個別の指導計画は、その通りに行わなければならないような演劇の台本のようなものではないと思います。また指導計画と子どもの実態との間にズレがある場合には、いつでも修正することが可能な柔軟なものであると捉えた方が良いと思います。

　それはスポーツにおける試合の前の「ゲームプラン」に近いものではないかと思います。スポーツにおいては、試合をする前に、相手選手の特徴、あるいは戦術などを分析してゲームプランを立てます。ゲームプラン通りに相手選手がプレイすれば良いのですが、相手がこちらの想定とは異なるプレイをしてきた場合には、試合中にそれに柔軟に対応しなければ、勝ち目はありません。スポーツ選手の敗戦の弁に、「相手のプレイが、予想以上でした」「事前のプランに縛られすぎました」などと話しているのを耳にしたことはないでしょうか。

　個別の指導計画に記載されている様々な目標や指導内容、あるいはそれに基づいて作成された授業案なども、学期開始前、単元・授業の前には緻密にしっかりと考える必要があります。しかし、授業になれば、それを忘れて、子どもとのやりとりに集中することが大切であると思います。授業中の子どもの行動が、予想と異なるかもしれ

ません。そのような場合であっても、柔軟に対応することが求められます。

　授業が終わった後、あるいはひとつの単元が終了した後に、指導計画を再検討します。これもスポーツにおけるゲームプランに似ています。試合の時の状況を分析して、次の試合のゲームプランを立てます。ゲームプランがひとつの試合の結果によって、大きく変更されることもあると思います。それと同じように、授業を実施してみて、子どもの様子が計画された内容との間にズレがある場合には、計画を練り直す必要があります。事前の計画と事後の振り返りはできるだけ緻密に行う一方で、授業は柔軟に行うのが理想的ではないかと思います。

## 4　交流及び共同学習と自立活動の関係について

　最後に、交流及び共同学習と自立活動の関係について補足しておきたいと思います。特別支援学級での自閉症のある子どもの自立活動の指導においては、交流及び共同学習の取組は必要不可欠なものです。それは、交流及び共同学習では、通常の学級において、特別支援学級での自立活動の指導の成果を確認するとともに、次の課題を発見するという役割を果たしているからです。

　自閉症のある子どもが課題としてもっている「人間関係の形成」について考えてみましょう。例えば、授業中に話し合いをする機会がある際に、自分だけが話し続けてしまい、周囲の人の話を聞いていないという課題があったとします。そのような課題に対して、特別支援学級においては、自立活動の時間に「話し合いに関するルール」を示したチェックリストを提示した上で、実際に話し合いを行い、そのルールに沿ってできたかどうかを自己チェックする指導を行ったとします。また、特別支援学級での教科の授業において、グループ学習を実施する際に、ルールに関するチェックリストを活用した授業を行い、それに従って話し合いをすることができるようになってきたとします。

　特別支援学級での指導によって、課題であった他の子どもとの話し合いでルールを守ることができるようになったならば、次に交流及び共同学習において、通常の学級で授業を受ける際の話し合いの場面において、そのチェックリストを持参します。その結果に基づいて、特別支援学級での自立活動の指導の成果を確認することになります。

　もしかしたら、特別支援学級ではルールに従うことができた子どもが、通常の学級の話し合いでは、ルールを守ることができないような場合もあると思います。その場合、1）特別支援学級での自立活動の指導において、どのような改善を図る必要があるか

を検討する、2）通常の学級の授業において、対象の子どもに応じた環境整備や指導があるかどうかを検討する、ということになると思います。

　いずれにしても、特に「人間関係の形成」に課題をもつ自閉症のある子どもの自立活動の指導においては、特別支援学級での指導の成果と、次に課題となる目標の検討のために、通常の学級での交流及び共同学習の時間は必要不可欠なものであると言えます。またそのための計画の立案が必要となり、通常の学級の担任との連携も不可欠であると言えます。

（野呂　文行）

**引用文献**
国立特別支援教育総合研究所（2008）自閉症教育実践マスターブック－キーポイントが未来をひらく－．ジアース教育新社．

# 執筆者一覧

第1章　どうしたらいい？教育課程の編成、どう考える？自閉症のある子どもの
　　　　自立活動の指導
　　小林　倫代　（国立特別支援教育総合研究所　名誉所員）　第1章1
　　柳澤　亜希子　（国立特別支援教育総合研究所　主任研究員）　第1章2・3

第2章　自閉症・情緒障害特別支援学級での自立活動の指導の実践を学ぼう！
　　柳澤　亜希子　（国立特別支援教育総合研究所　主任研究員）　第2章1
　　金子　道子　（千葉県柏市立西原小学校　教諭）　第2章1・2・4
　　南　　友珠　（京都府長岡京市立長岡第七小学校　教諭）　第2章3

第3章　教師の見方が変われば、子どもが変わる！
　　　　－特別支援学校（知的障害）の実践から学ぼう－
　　柳澤　亜希子　（国立特別支援教育総合研究所　主任研究員）　第3章1・2
　　夏海　良雄　（千葉県立槇の実特別支援学校　教諭）　第3章1
　　松尾　秀成　（前 山口県立山口総合支援学校　教諭）　第3章2

第4章　校内の理解者を増やそう
　　　　－教育活動全体を通じて自立活動の指導を行うために－
　　李　　熙馥　（国立特別支援教育総合研究所　特任研究員）　第4章1
　　金子　道子　（千葉県柏市立西原小学校　教諭）　第4章2

第5章　自閉症のある子どもの自立活動の指導で大切にすべきこと
　　野呂　文行　（筑波大学人間系　教授）

コラム
　　小泉　俊子　（茨城県水戸市立内原中学校　教諭）

トピック
　　棟方　哲弥　（国立特別支援教育総合研究所　上席総括研究員）　トピック1
　　松浦　美穂　（佐賀県立太良高等学校　教諭）　トピック2・3

# 編著者紹介

**柳澤　亜希子**（やなぎさわ　あきこ）

独立行政法人国立特別支援教育総合研究所 主任研究員、自閉症研究班長、博士（教育学）

北陸学院短期大学保育学科講師、当研究所研究員を経て現職。専門は自閉症教育、自閉症児・者の家族（きょうだい）支援。著書（分担執筆）として、『知的障害特別支援学校の自立活動の指導』（2018 年，ジアース教育新社）等がある。


**棟方　哲弥**（むねかた　てつや）

独立行政法人国立特別支援教育総合研究所 上席総括研究員

当研究所教育工学研究室長、総括主任研究官、総括研究員等を経て現職。専門は、教育工学。著書（分担執筆）として、「発達障害等のある子どもの通級による指導の在り方に関する現状と課題」（2017 年，LD 研究）等がある。


**李　熙馥**（い　ひぼく）

独立行政法人国立特別支援教育総合研究所 特任研究員、博士（教育学）、臨床発達心理士

日本学術振興会外国人特別研究員、当研究所主任研究員を経て現職。専門は自閉症、ナラティブ、自己理解、他者理解。著書（分担執筆）として、『コミュニケーション発達の理論と支援』（2018 年，金子書房）等がある。


**小林　倫代**（こばやし　みちよ）

独立行政法人国立特別支援教育総合研究所 名誉所員、博士（教育学）

国立久里浜養護学校教諭から国立特殊教育総合研究所に転任。専門は早期からの教育相談、言語障害教育。著書として、共編著『特別支援教育の工夫と実践』（2019 年，ジアース教育新社）、編著『特別支援教育のテキスト』（2018 年，学研）等がある。


**野呂　文行**（のろ　ふみゆき）

筑波大学人間系 教授、博士（教育学）

明星大学人文学部准教授、筑波大学講師、准教授を経て現職。専門は応用行動分析学。著書（分担執筆）として、「行動問題を示す発達障害児童の特別支援学級担任を対象とした行動コンサルテーション－望ましい行動に対する行動契約の効果－」（2017 年，障害科学研究）等がある。

# 特別支援学級での
# 自閉症のある子どもの自立活動の指導
## −確かに育つ！子ども　確かに高まる！教師の指導力−

2021 年 3 月 28 日　　第 1 版第 1 刷発行
2023 年 1 月 9 日　　　　第 2 刷発行

■編　著　独立行政法人 国立特別支援教育総合研究所（自閉症教育研究班）
　　　　　柳澤 亜希子・棟方 哲弥・李 熙馥
　　　　　同研究所名誉所員　小林 倫代　筑波大学人間系教授　野呂 文行
■ 発行人　加藤 勝博
■ 発行所　株式会社 ジアース教育新社

　　　　　〒 101-0054　東京都千代田区神田錦町 1-23　宗保第 2 ビル
　　　　　TEL：03-5282-7183　FAX：03-5282-7892
　　　　　E-mail：info@kyoikushinsha.co.jp
　　　　　URL：https//www.kyoikushinsha.co.jp/

■表紙デザイン　小林 峰子（アトリエ・ポケット）
■本文デザイン・DTP　株式会社 彩流工房
■印刷・製本　シナノ印刷 株式会社
Printed in Japan
ISBN978-4-86371-575-2